前　言

中国改革开放三十多年来，经济发展取得了举世瞩目的成就，贫困人口从 1978 年的 2.5 亿下降到 2015 年底的 7017 万；城镇化率由 1978 年的 17.9% 上升到 2015 年的 56.1%，在"十三五"规划内，2020 年常住人口城镇化率要达到 60% 左右。这也就意味着每年有 1000 多万人从农村来到城市。

统计局数据显示，2015 年从农村外出到城市的打工者数量达到 2.77 亿人；仅江浙沪长三角一带的跨省打工者就有 4000 多万人，占到了全国的 43.73%，这还不包括省内的流动打工者；苏州地区的打工者也从 2000 年的 86 万快速增长到 2015 年底的 724.8 万，超过苏州当地的户籍人口。

人口大规模流动迁移是我国城镇化快速发展阶段最显著的特征，已经成为推动社会结构变迁、利益格局调整、社会组织体系变化的重要因素。习近平总书记指出，全面建成小康社会离不开农民工的辛勤劳动和贡献。习近平总书记还在中共中央政治局第二十二次集体学习中指出，要加快推进户籍制度改革，完善城乡劳动者平等就业制度，逐步让农业转移人口在城镇进得来、住得下、融得进、能就业、可创业，维护好打工者的合法权益，保障城乡劳动者平等就业权利。在社会各界不断的关注与支持下，打工群体在社会保障、就业平等、合法权益维护等方面取得了长足的进步，打工群体及其家庭能更好地在工作所在城市生活和发展。

近年来，关于打工群体的媒体报道、学术研究日渐增多，特别是经济先行发展的珠三角一带，打工文学、打工诗歌等反映打工群体工作、生活、情感等的作品，经过二十多年的沉淀和发展，几乎已达到汗牛充栋的程度，涌现了一大批优秀的文学作品和打工文学作家，如许强、郑小琼、王十月等。这些作品较好地记录和反映了打工群体在珠三角一带的生活、奋斗历程，是宝贵的"民族志"材料。

而相较于珠三角打工文学兴盛的状态，经济发展比珠三角略晚的长三角一带，关于打工群体的文学作品则很少，更别说传播了。

文化开启了对美的感知（美国作家爱默生）；我们需要文化，就像需要空气一样（苏联政治家加里宁）；没有文化的人类历史是无法想象的，任何民族都离不开文化（北京大学中文系教授王岳川）。习近平总书记在主持召开文艺工作座谈会时也提到"文化是民族生存和发展的重要力量"，"没有中华文化繁荣兴盛，就没有中华民族伟大复兴"。国内首个民间打工者文化艺术博物馆的标语就是"没有我们的文化就没有我们的历史，没有我们的历史就没有我们的将来"，这些都说明文化记录和传播在人类生活中的重要性。

打工群体作为中国社会发展进程中的重要力量，没有关于他们的生活、情感历程、文学作品等的记录是很遗憾的。苏州星星家园社会工作服务中心主办的《工友通讯》，七年多来收集了500多篇关于打工者生活、工作、情感的文章和文学作品。透过这些文章和文学作品，我们可以看到这些年来打工群体在苏州、长三角等地的工作、生活状况，以及他们从农村到城市发展的个人成长历程。这也间接记录了他们所在城市的发展变迁。只是这样的记录是零散的，也是不深入的，我们希望长三角地区也有较深入地反映打工群体工作、生活、情感的文学作品。

从2014年起，苏州星星家园社会工作服务中心及其公益伙

流动的家园

FLOATING HOMES

苏州星星家园社会工作服务中心 / 编著

社会科学文献出版社
SOCIAL SCIENCES ACADEMIC PRESS (CHINA)

伴就开始访谈主要在长三角区域工作的打工者，并收集他们的文学作品。三年来，我们共访谈了近40名打工者，并选取了其中具有典型意义的20名打工者的故事，集结成书，书中附上一些他们的文学作品，希望能较好地反映长三角区域打工者的生活。其中的"老苏州"，他到苏州三十二年，有二十来年从事建筑工作。从他的个人故事里，我们可以了解到三十年前苏州城区的发展状况，透过"老苏州"早期写的打油诗，我们可以了解到二十多年前建筑工的生产状况："辛辛苦苦一年整，汗流浃背整天忙；平时吃饭对班来，干活快跑如飞机。"

制度、政策或社会的区隔无意识地塑造了打工者的生活方式。19岁的街舞少年从小出生、成长在苏州，只回过老家四川几次，但他认为自己还是四川人。这不仅有户籍上的因素，还有心理上的认同："我本来就是四川人嘛！"他觉得自己是四川人没有一点问题和矛盾，虽然他这一生可能都不会在四川长期生活。

本书还收录了个别长年在上海、浙江工作的打工者的故事，我们希望通过这些故事能展现长三角区域打工群体的生活。

本书大部分故事是以访谈的方式记录，小部分故事是打工者以"自传"的方式记录的。如本书中"我和我的家庭"就是在工厂流水线工作的女工王姐，繁忙的工作之余，在狭小的城边村出租屋里一笔一画在车间里废弃的报表纸上写出来的，她从自己的视角，简要地记录了她观察到的一些与她身份一样的女工的故事，透过这些故事，我们可以了解到工厂女工的生活概貌。

本书短短十余万字是难以穷尽打工群体的喜怒哀乐的，我们希望通过这本书让更多的人关注、关怀打工群体，尊重他们的劳动，记录和传播打工文化，让中华民族的文化之树更丰满。

本书篇幅不长，但也历时数年，这数年间得到了不少单位、个人的支持，有香港乐施会、上海大学文化研究系、南京大学社会学院社会工作与社会政策系、北京工友之家文化发展中心、上海延泽社会工作发展中心、浙江永康小小鱼劳工服务部和上海大

流动的 家园

学郭春林教授、华中师范大学郑广怀教授、上海大学高明老师、林志斌博士、王琼、刘雨萌、朱晓莉、王海军、贾孝飞、王治兴、王蜜芳、苏浩民、孙统定、苏成杰、贾芳芳、訾双双、丁浩、罗长发、林春华、刘秀燕、郑云红等。非常感谢他们!

目 录

第 一 编

女工成长记

律动的青春

第一份工作

芳芳是个性格开朗、活蹦乱跳、有着两颗可爱虎牙的女孩，陕西宝鸡人，1990 年出生的她在 2005 年初中毕业后就从家里跑到市区找工作，进了一家电子厂。她的语速很快，像有说不完的话似的，不时显露她灿烂的笑脸和两颗虎牙。

> 我在那个厂一个月才 200 块钱，还管住不管吃，常常吃都不够。员工都是些女孩。那个厂是没有加班的，那时候反而希望每天上班 12 小时，这样的话就没时间出去玩了，不然下班后没事干还不知道去干吗，还得花钱。我们那时候 5 个人一个房间，下班后天天打打闹闹的，很开心。

2006 年春节后，她进了宝鸡的一家饭店。饭店中等规模：有 10 张圆桌、8 个包间、11 个服务员和 1 个收银员。也许是她能说会道、人很开朗，才在那里做了两个月老板就让她当采购员。采购员的工资比一般员工高一些，也吃得开，逢年过节时，供应商都会送些东西给她，老板也很信任她，常常开着车载着家人和她去吃烤肉什么的。

来到苏州

2008 年春节后，芳芳跟着表姐来到苏州，几天后就到苏州工业园区的一个日资企业上班了，上班那天刚好是元宵节。她们是通过跟派遣公司签合同进去的，还花了 200 元的中介费，但没花培训费。当时苏州的劳务中介不仅收中介费，还收培训费，特别是对男孩子。用工淡季的时候，工人得花 100—800 元（视工厂好坏而定）的中介费、150 元左右的培训费，其实培训费只是变相的中介费而已；而到用工旺季的时候，有些劳务中介就不收中介费，只收培训费。

苏州的集体宿舍楼外景
摄影：芳芳

2009 年芳芳在一个电脑培训机构学电脑及各类电脑软件，如办公自动化、平面设计、ERP、CAD 等，还报了"成功学"课程。老师定期来讲课，有时培训机构也组织学员去听各种讲座。她觉得应该趁年轻多学些东西，这样自己的发展机会就会多些。与她有同样想法的女孩并不少，在电脑培训机构芳芳就遇到好几个，大家都想摆脱最底层普通打工者的身份，成为一个白领或成功人士。

芳芳在日资企业一直做到2011年，用她的话说，"混得也还好，是个副班长，人很吃得开，但最后还是离开了"。

芳芳来苏州后除了住过近一个月的出租房外，就一直住在苏州木渎镇的一个工人集宿区里。集宿区一般是8个人住一个30多平方米的房间，有卫生间和淋浴间，每月房租约100元，不包水电。此前因为和室友们都很合得来，所以她没觉得有什么不便。虽然住一个房间的人基本都不是同一个厂的，但如果彼此能互相尊重、理解还是能相处得很好的。以前，她们宿舍8个人，4个陕西人、3个江苏人、1个河南人，也不是同一个厂的，但大家很谈得来。大家都很喜欢看她跳舞，每天都要看，有时宁愿等到她凌晨下班。她常跳的舞有《快乐崇拜》、《不怕不怕》、《给我几秒钟》等，音乐用手机放。

遗憾的是，前段时间有几个舍友离职回家了，她得搬到另外有空铺的宿舍。在她搬去的宿舍里，半个月她没认识一个人。

离开日资工厂后芳芳应聘到一家小企业做办公室文员，感觉还行，工作轻松，收入不高。她现在想在单位里好好发展，学好电脑后回家开照相馆或去应聘设计类的工作。

芳芳虽然是城市户口，但住在郊区，所以家里有很多地。不过她没想过回去种地，土地由父母在家经营。她觉得外面的男孩很坏，十个有九个坏，但她也不排斥在外面找男朋友。她说如果在外面找男朋友的话，他们会尽力留在苏州，不行的话就回男方家发展。她总结这几年的经验，认为在外面还是要多交朋友，多展现自己，不然的话个人的才能就像"水壶里煮饺子"——既倒不出来别人也发现不了；要走到哪学到哪，人要跟着环境的变化而改变，性格要乐观一些。

她说，她现在得多学点东西。

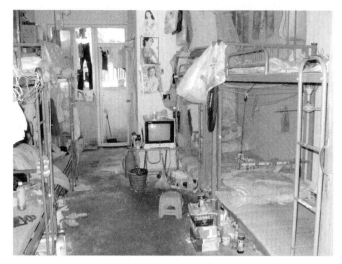

苏州的集体宿舍楼宿舍内景

摄影：芳芳

五年之后

我2011年开始在一个小企业做文员，一直在那里做，中间还去卖了一年汽车，后来再回去当文员。公司让我做业务，因为只有老板一个人做业务。但当时想卖汽车，卖了一年的汽车，老板又让我回去。卖汽车也挺好的。出来的时候老板让我出去学学怎么做销售，半年后老板让我回去，我没回去。过了一年，老板经常请我吃饭，还叫我回去，我那时也想回去，就回去了。他做事情都是有手段的。当我回去的时候，公司的几个人就要老板涨工资，中间也发生了冲突，有一个还是我带的同学。那时是小企业，老板没交社保，工人们还想去告他。他也请我吃饭，我也不好意思。加上当时我老公上班离住的地方远，每天从马浜骑老远的电瓶车来沈巷上班，我就说换过来吧（那个公司在金桥，离沈巷较近）。我回去的时候公司办公室就老板、老板娘和我，车间里就三个人。我们主要是接单后外发给其他厂做，自己做不过来的时候就是这样。那时候我专做贸易，接到单，能找到供应商就做。我们不打算主做加工，一直是这么操作。

我2011年3月回去，待了一年，公司就搬到东山去了，后来改成了卖管子、卖型材，生意还不错。我在那里又待了三年。老板娘很小心，在那里做的文职都做不久，都待个半年就不做了。有的人出去就把资料带走了，或者卖钱，或者自己开公司，又不需要多少投资。我做得最久。老板每个月只给我发生活费，其他的都是年结。正好抓住我这个把柄，他不给我钱呗。签合同的时候就写着押2万，我后来要钱，说合同到期了我不干了，他就押了我3万。那时候想得简单，想反正不用钱，你就押呗。押着3万，他现在还没给我。走的时候他说我什么时候用钱就什么时候打电话给他，他就给我。所以老板都是黑心的。之前的工资都是一年结一次，现在的业务员很多都是这样的。每个月给一点底薪，离职的时候，有的老板好一点给你全部都结掉，不好的老板好多业务员都被押钱。年底一般不会少给钱，业务都有开票的，系统里也都会有，不会少的。有的老板抠一点，会说这个客户回款慢了，会给你扣一点。

他押一年，是怕我把公司的资料给出卖了。他觉得我对客户知道得比较多，包括跟客户的交接，还有价格什么的都很明了。如果过了一年，很多公司的采购都换了，还有，一般性的价格我都不太清楚了。他觉得那个时候，可以把押金给我了。

我们签了劳动合同，合同里有保密协议，说合同到期后两年内不能再干同行，押的一万块钱在离职一年后才给，还要我们按手印。就因为这事，我们好多同事在签协议的时候都不干了，有的是在做了几个月才签的。自从上次我同学那次冲突后老板就给交社保了，即使工资低一些也要交。之前不交的时候就在合同上写明把交社保的现金发放给员工。现在都不招外地人了，都只招苏州本地的。像我们老板太贼了，他就想得比别人多，就想着世上没有好人，对谁都防着。

按去年（2014年）来说，刚去的新人除社保后一般能拿到3000多，老员工一般能拿到四五千，上六休一，每天（工作）8小时，中午管一顿饭。工资在那边基本还可以吧！就是我们老板没文化，有时候做事情比较极端，脾气又差。比如，他都不分清楚是客户把单子传错了还是我们的错误（客户也不想承担责任），只要听到客户投诉就开始骂我们。文职也不好做，有时候把那些小姑娘都说得哭了。所以说，我也不做文职，他说话有时候说得不好听。

现在基本都是这样的，像长江路的华夏五金城，还有望亭的长三角钢材市场，纯做贸易的太多了。苏州没有直接卖钢材的厂家，除了苏钢，其他都是假的、骗人的。白洋湾那里有真的，不过一般人找不到，只有几家是真卖材料的，开单都不知道是谁家的。

他们都只要交一下房租，有的人更简单，租的门面都是关着的，只是做一下广告，放上电话号码，成天待在家里等着接电话就行，这种很多。我的同事中，很多人都这么做。所以搞得我们老板疑心大得不得了，对谁都那样，签保密合同，搞这个搞那个的。其实现在也没那么容易把客户拉走，小厂嘛，都是老板采购，你只要便宜我就要你的；大厂嘛，有专门采购的，采购都要拿回扣的，没有回扣谁做呀，也不是那么简单的。

老板对客户大方得不得了，对员工就……这几年还好一点了，过节都发个三五百红包，以前管都不管的，连假都不放的，像"十一"就放个两天假，现在还给我们放七天的，去年（2014年）我就休了七天，现在办公室人比较多，"五一"什么的，只要该放假的他就给我们放，之前都不放的。

结婚前后

已经结婚了，到哪上班都一样。我在那公司都干了五年了。在苏州这么多年，（青春）都奉献给我们厂了。

　　跟老公结婚有三年了，没有什么变化，一样的。他比以前要细心一些，还是蛮好的，因为认识得久了。还是不要闪婚什么的，这样有些不靠谱，容易出问题。都认识这么多年了，亲朋好友什么的都熟悉了解了，都彼此进入各自的生活了。

　　结婚当天有些不想结了，有婚前恐惧症吧，没有任何理由，想跑。我在老家是在 8 月 26 日结婚的，刚一上 8 月我就有点心慌了，不想结了。我回家早，在 8 月初就回家了，那时候在老家玩，觉得老家发展也挺好的，就不想去东北，不想结婚。我看同学们在宝鸡也挺好的，走到哪都能碰到同学，走到哪都能碰到熟人。她们都说嫁在老家，离爸妈又近，那次回家也感觉老爸老妈又老了不少，就有一种不想离开的感觉。

　　我爸妈开始有些不愿意我嫁那么远，可那时候我愿意，他们拿我也没办法，也没有特别反对。他们的意思是你姐已经嫁到苏州了，已经成定局了，你就尽量回家。我们老了还有你们依靠，现在你们在外面还可以回家，以后呢？像我大姨是嫁到徐州，她是三年才回一次家，所以我都有点不想嫁了。看我同学她们，超级幸福的，我就更加不想结了。我妈说，早干吗了？当年劝你你不听，现在日子都已经定好了，人都已经通知好了，你不想结就不结啦？我想着尽量自己努力一点，以后多回家看看（爸妈）。

　　我大姨结婚的时候还没有我，好早之前的事了。尽量还是找个老家的吧。她家是种梨什么的，那时候感觉她家条件已经算是挺好的，但也是三年才能回家一次。

　　我想着我姐在苏州，况且我们在这边已经这么久了，还有很多朋友都在这边落脚了，像文文、莉莉……我当然想一心回宝鸡啦，但他爸妈有些不高兴，我自己也不可能因为自己的高兴就影响到家里人。我想，既然公公、婆婆不同意（他们一心想让我们回东北），我的朋友、家人都在苏州，就像另外一个家在苏州，能在苏州最好；如果不能在苏州，那就嫁鸡随鸡、嫁狗随狗，只能跟他回东北，不然怎么办？不然家庭会不和睦啊！

我跟公公婆婆相处三年了。老人就爱叨叨，还好吧，当自己的爸妈一样，不能往心里去，往心里去的话天天都要吵架。他们也都要上班，我们也不住在一起，只是吃饭时在一起。只是感觉结婚前与结婚后会不一样，结婚前你要吃什么就给你做什么。我不喜欢吃香菜，没结婚前，我家的饭桌上从来没出现过香菜，不管是汤里面还是什么里面；但是我结完婚之后，人家想吃就会放。你如果去斤斤计较的话，那日子就没法过了。不要想那么多，家里的情况都会好，都要放宽一点心。如果都是针尖对针尖的，哪有好日子过！

未来计划

他们说要回东北，我还要犟着说不回，那日子还怎么过。他们想说，那让他们说，装作没听到就行了呗！

他们家有个项目，靠近长白山也靠近镇上，交通还挺方便，属于什么四星级旅游风景区，他们想弄什么农家乐。那边风景区人很多，节假日人多得都买不到票。他们要弄，我也没办法。

我是 1990 年的，还想玩个两三年（再要孩子）。要不然的话，自己都是个小孩子，还要个小孩子。好意思?! 真有个小孩子叫我"妈妈"，我都不知道怎么照顾。我是想着再过些年，但家里催，就顺其自然。我姐姐家小孩在这，我自己就受不了，真带不下去的。

关于做生意，就想着自己还没小孩，去拼一下，如果等到小孩子出来了。那真是想做也做不了了。人家不是说生完小孩三年笨吗，哈哈！想着现在还年轻，如果做不好，还可以从头再来，还可以再继续打工。如果有个小孩子了，第一就把我拖住了，也不敢冒险了。我们两个可以饿一顿饱一顿的，那孩子怎么办？我就想着最后一次了，努力一下，能做好当然最好。

我这个计划已经想了很久，就等着合同到期，就想着结束自己干。

　　准备在××城（某商业综合体）里面开店，卖内衣。柜子、模特已经开始做了。这一次，跨得有点大，也有点担心。那个店有40平方（米）吧！最近在设计，天天在弄。

　　按总店统一风格装修，自己出钱就好。他们是死命地黑呗！租金是每天7块钱一平方，加上电费的话，一天300块估计都包不住。一年的话房租加电费估计要12万左右，前期的话没有30万做不下来。第一次提货至少15万，加盟费要五六万，押金1万。光给他们就得18万。他们什么都不管，要什么的话他们给你配，但钱得你自己给。

漫漫回家路

思乡情虽切，道阻路且长

很多同学都回去了，虽然还没到家，但漫漫确信：她今年不能回老家过年了，虽然家里只有她一个女儿，爸爸妈妈很希望她回去。

昨天老师讲回家的事情，让回家，说是下午五点的车。我们就四点左右收拾好东西，赶到沈巷村东口一家中介那里。我们老师说是租车，别人会来接我们，然后我们就在那等。等到大概七点吧，来了两辆小面包车。我们十一个人，第一辆拉走了七八个人吧，另外一辆面包车上四五个人，但是车上还有别人，就是大家拼，其实是超载。第一辆车把他们拉到一个太湖服务站，那里停了一辆大巴车；我们是第二拨跟着去，等我们到了，差不多就是晚上十一二点了。当时我们同学就跟老师争执，说好下午五点走，五点走不了，那你让我们晚上走也行啊！可是这么晚了还不走。老师也生气，就跟同学们吵架，还爆粗口骂，什么都有。我们同学都气哭了。还有就是，停在那里的大巴车，我推断其实不会走，就是一辆坏的，就是停到那，安抚一下乘客的心情，让乘客知道有车可以走，其实那辆车是不可以走的，就是坏的车。因为那个车的驾驶室就不像是经常用的那种车，都是灰啊什么之类的，我们当时就在那个车上等了一天一夜。

说起昨天的遭遇，漫漫义愤填膺，特别强调了"差不多等了一天一夜"。

老师说还要等到下午四五点钟，有些同学还特别急切地想回去。最后来了辆黑车，要先到商丘，再从商丘转到新乡，但老师不敢保证到商丘后能顺利地坐上去新乡的车。漫漫还没买车票，担心在途中或到商丘后再遇到问题会更麻烦，索性就不回去了。有些已经交钱算是已经买过票的同学就说要退票，一直催，老师没办法，也退了。部分同学回家心切，还是决定冒险回家。

来的车是个黑车，但是那个黑车司机说，我们要走的话还要先坐到商丘去，到商丘下车，再转去新乡的火车。当时就觉得要是黑车半路就把我们扔到服务站，或者是再次收费怎么办。我就担心这个，就跟着她们一起拐回来了，坐着那辆面包车回到沈巷。我同学是买过车票的，我的车票还没有买，我同学的车票今天全退票了。但是他们说的是昨天退车票，我们就一直在那等，一直打电话催。他们今天才退，退完车票，现在也回不了家了。

体验学生工，被骗没商量

漫漫 1998 年出生，是新乡一所中专技校的一年级学生，学的是高铁乘务，三年制。家在新乡市郊，独生女，父亲是一名普通工人，母亲在市郊开了一家小超市，家里的经济状况还不错。母亲是不同意漫漫出来实习的（其实就是出来打工），最要紧的当然是安全问题。但漫漫想在外面体验一下生活，另外学校的老师也说在苏州打工能挣好多钱，她也就动心了。但真正来到苏州后，她才发现，老师所说的一切，几乎没有一点是真正兑现了的。

我以前在学校呢，不喜欢学习，所以就去了中专学校，当时报的是高铁乘务。过年期间，因为有一个特别好的朋友想打工，学校也说我们可以去苏州打工，能挣好多钱。来的时候学校给我们开了会，一个主任跟我们说一个月至少可以拿3600，包吃包住，而且还可以体验一下外面的生活。我当时跟我妈说了，我妈不让我来，后来跟我妈说了半天，当时有学校老师带队，所以说工作问题啊，安全问题呀都比较放心，就让我跟着学校一起来了。刚开始两天，以前打过工的同学都有经验，就说这个厂太破了，而且宿舍住宿条件也都蛮差的，比如，宿舍门特别不安全，脚一踹就能开的那种，在食堂吃的饭也不太合口味。我就跟老师提出要回家，我们老师不让走。为什么呢，我也不太清楚，别人说学校把我们介绍过来会拿一定的提成。学校扣押身份证，我就问老师要身份证，没有身份证就没有办法买车票回家嘛，只能坐黑车，但老师没给，就没有走成。

每个出来"实习"的学生对于"老师"来说就是一个小财源，当然不会轻易让出来的学生回去。所以老师除用押学生身份证的方法留住学生外，还会用其他的手段。

我们老师说我们可以在这干一个月试试，如果不行的话，一个月工资发了后可以再走，最少能拿3200块。离一个月还有一个星期左右的时候，我听他们老员工说，干不满时间走的话是要扣违约金的，百分之三十的违约金。我当时就问老师有没有扣违约金这回事，他说应该不扣。我不太放心，因为他说得不肯定，第二天我又问了他一次。他当时就急了，他脾气特别暴。他说"你爱干就干，不爱干就滚蛋，卷铺盖滚蛋吧，你！"我当时想好歹快一个月工资在他那，他让我滚蛋我就滚蛋啊！他说话带脏字，一说话就他妈的怎么怎么样，他就那样说。那天我跟他吵架，跟我一起来的一个女生借过老师100块钱，她说要走，老师说，"赶紧给我还钱，还完100块钱就给你滚蛋"。当时俺俩身上总共才剩不到几十块钱吧，没钱还他，没办法了，就接着又在那干了。干够一个月发工资，扣扣就剩800块了。一个老员工按照他们的标准给我算了下，应该发1100多块的。结果学校说要扣住宿费、水电费啊什么之类的，说了一大堆要扣的钱。我们住宿的那个水电费会制成表贴到楼下，我当时看了一下。我们的水费还有住宿费，每人分摊差不多42块，结果扣了我们300块。

当时怎么承诺的啊，工资最低不低于3600块，包吃包住，24小时热水，还有厂里干活也不累，就把我们骗过来了。到这里的时候，我第一次要走的时候，老师说工资最少3200，结果发下来800块。

刚开始去不习惯，一天最少都是站11个半小时。刚开始的时候脚会肿，小腿也会肿，站了差不多一个星期左右以后就好了，习惯了。做那个不知道是什么线，总之就是那种线产品，直径0.07毫米吧，不太清楚那个。我不是做产品的，我是看机器，如果它那个线断的话，把那个线给它换上。机器生产出来的产品不合格，就让技术员来修，每半个小时检查一次、滴一次油。

漫漫对流水线的工作很是不屑，觉得这样的工作简直是浪费青春。这也难怪，对于一个家境还算可以且个性活泼开朗的女孩来说，每天固定地站在一个地方不断地重复简单的动作，不能体现出一个人存在的价值，她肯定是做不下去的。何况这样的岗位都不用岗前培训就直接上岗，不小心的话，还可能受工伤。

工作啊，我觉得我回去之后要上高中，考大学，因为我觉得在厂里工作的话，就是浪费自己的青春。从我做第一天起，每周一开始上班到周五。我每天都在重复着做一件事情，我就觉得时间过得挺快，没有任何收益。人就像活着的机器人，做那种工作就是太埋没人。你知道吗，就比如你有别的才华，但在那种地方工作，只要会呼吸、能喘气、四肢健全就可以做。如果特别没有追求，就是一辈子只做那个的话，我觉得真的是浪费生命、浪费光阴。

其中有一个同学，她当时做的是打磨，她当时手受伤了。但是具体伤到哪不知道，看到那张照片特别恐怖，一片全都是血肉模糊的。你知道吗，手上全是血，好吓人啊！受伤就住了六天院。应该是没有任何赔偿，但是住院期间的工资会给她，应该是这种，我不太清楚。

漫漫表示，开始对实习和打工，还是挺有期待的，但在外面遇到的所有，都让她挺伤心的。最初因为是学校组织来的，还比较放心，对带队的老师印象挺好的，但现实遭遇让她不得不感慨："有些人不能相信，真的！"

一入职校门，便成羔羊肉

中国的职业技术教育历来为人所诟病，学费高、师资力量弱、学不到实用的技术，等等，但最可怕的是近年来愈演愈烈的将学生作为摇钱树的实习方式：学校或老师以实习的名义让学生去沿海或较发达地区的工厂里"实习"——说白了就是去工厂打工，学校或老师从中收取人头管理费、介绍费等。实习的区域以珠三角、长三角以及近年来中西部崛起的制造业城市为主。有一个带学生来苏州工厂"实习"的老师透露，他每月从每个学生身上收300元管理费，夏天的时候，他一下就从学校带了300个学生出来，可想而知，他的收入有多高了。带学生来苏州"实习"的老师很快就能在苏州开上"宝马"当然也就不是怪事情了。漫漫也是如此，在老家进了一所职业技术学校，抱怨"学校老师不负责任，学生也特别乱，就没学到东西"。她2014年9月份进的学校，12月份就从学校到工厂打工，名义上是打工赚取学费，实际上是为老师或学校的收入做"贡献"。

　　我们半年的学费是4500，一年差不多就是9000吧！光学费，住宿费啊，生活费啊，可能再多一点。我们是三年制，两年上学，一年实习。那个学校的老师不负责任，学生特别乱，我们就没有学到东西。同学们上课时间玩手机、打电话，还有的老师连一页课本都没有翻。老师每天就抱着一个小笔记本，在那念，让我们记笔记。还有的老师就更不负责任一点，每次下课之前提前走，提前十分钟。我们当时问他，怎么提前走，他说一会儿你们放学人那么多，怎么走啊。有一次我们正上课，在学校的舞蹈教室，排舞蹈，突然教室不能用了，我们就去学校对面的校区上舞蹈课。但那个教室门没有开，老师没有钥匙。我们两节课就没有上，就去公园玩，学校老师太不负责任了。

　　整个学校都是这样。我觉得我学习还比较好的，成绩比较好一点，就是记记笔记，没有别的。课程有铁路法规、高铁概论、旅游心理学、形体、礼仪和语数英三门主课，还有社会生涯规划、体育课，一共10门课。其中9科有课本，但是铁路法规没有，老师拿着小笔记本在那念笔记。我刚去的时候老师说上课可以玩手机，但是你尽量调成静音或者震动，不要发出声音就好了。

对于学生的利用，确切来说，应该是从入校的那一天就已经开始了，即使在交了学费且"没学到东西"的情况下。

学校拉我们去做礼仪（小姐），就是那些大型活动，颁奖的那种，我们还要自己买鞋、丝袜，什么补贴都没有。按外面正规的礼仪算每个人每天最少200，多的话会更多。穿的高跟鞋最低也是5厘米，就在那站一下午，脚都会肿。礼仪穿的是汉服，就是一层薄纱，透明的那种纱，还有一层布，劣质布，里面有一种金黄色的里衬，就是那种布，大冬天的，当时说是有中央空调的，其实没有。我们那（河南新乡）冬天普遍比这里冷，所有的嘉宾来的时候穿着羽绒服，就我们穿裙子，还站到门口，而且那个人还特别变态，他不让关窗户。哇塞，你都不知道那天把我冻得呀，当时胳膊都冻成紫色了。后来给我们发了一张50块钱话费卡，其实那个卡压根不能用。我们全班同学，没有一个人用。

还有一次最辛苦了，说多了都是泪。我们穿了一身金黄色旗袍，大概到这吧（比画快到膝盖处），那天也挺冷的，不过有暖气。差不多上午十点去，在他们开场之前要化妆、排练什么的一大堆，站到下午六点，差不多是八个小时。当时学校说负责买鞋，我们就先去买，买完之后钱给我们报销，谁知道最后又说让我们自己买鞋子。一个鞋一个丝袜差不多50，买的那种便宜鞋，他们说学校报销嘛，就怕他们不报，所以就挑了最便宜的，谁知道还是不报。

要想有改变，就得再努力

我们不清楚，因为当时是中介来发工资，回去之后大家都说工资少啦，大家扣得也都不一样，有的扣300，有的扣200多，但是扣得最少的是200多。

漫漫（左二）与工友们在一个公益机构一起过春节
摄影：苏州星星家园社会工作服务中心

我当时跟我妈说想投诉他们。我妈说这种事情不太现实，如果家里没有关系的话，那样投诉根本不现实，只会往里砸钱，大家最后两败俱伤，对我也没有任何好处。我妈觉得我太小不现实，现实一点就是过去就过去了，2000块钱不要就不要了，权当出来体验一次。这种上当受骗，还有那种黑车的，真的没有人会管。昨天有个男生，他也是被骗到黑车上，他回去就打电话报警。警察说这种事情不归他管，让他打××区的电话，就挂了。

从漫漫的遭遇中我们可以看到，现在一些职校学生遭遇上学变打工、学校兼做劳务派遣、学生成牟利工具等种种问题。这不是个案，而是学生工的普遍际遇。

我和我的家庭

青春时光

我初中出校门，16 岁开始在我们乡一个单位上班，在那儿结识了一个男孩，他大我 5 岁，是我哥的同学。他喜欢写文章，是单位的会计，那时在进修吉林作家班。我性格比较内向，是很封闭的那种，不愿与人交往，因为我总有心理压力，感觉自卑。我小时候得了一种病，医学上叫昏厥症。记得六七岁时，与朋友玩着玩着，突然就晕倒不省人事，醒来的时候总是大人们告诉我，我的病发作了。大约 10 岁以后，那病像阴风一样遁去，此后无影无踪。想想也挺怕的，无任何征兆下突然发生，昏过去什么都不知道，就跟死了一样，我应该"死"了一次又一次。

在学校里，上英语、语文课还好，上数学课，我就发现脑袋不行，好像我的数学就没及格过，没上过 60 分。我总觉得脑子太笨，也因此不想与人接触。认识我哥那个同学后，也是同在一个单位，他就时常开导我说，年纪这么小，干吗给自己那么大压力，想干什么就干什么，只要自己喜欢。他那时的柜子里有好多书，他就对我说多看看书吧，想看就拿。在他的帮助下，我不但看了好多书，还写了好多随笔、日记。后来我又参加了河北石家庄女子文学院，函授了一年多。此后我称他老师，再后来单位解散了，老师去了西藏，我回到了家里。

我们村小学校一位老师进修去了，校长说有一个空缺，找我去代课，也就是 2002 年。在代课期间，我认识了一个年长的老师。他也写东西，他给我介绍我们县一个杂志社（当时是县，后来升格为市），然后我就把自己写的东西投去。一些小说、诗歌发表在那杂志（《烝谷杂志》）上。县里有个业余作者笔会、分析会的，我也去参加。

在学校代课也就两年，在这期间，我与初中的一个男孩很谈得来，他也喜欢书，不过他更喜欢从医。他的家庭情况也不怎么好，父亲是一个很老实的人，母亲是地地道道的庄户妇女，给他指不出什么路子。他有一个堂兄，是我们那最知名的医生，那一带唯一在西安进修过的，医术很高明。我们处朋友、谈对象，他堂兄堂嫂不同意，原因一是我们家离他们家近，怕以后经济上有问题会影响到他们；二是我小时候的病，都是他堂兄医治的。当时他也挺矛盾，不知怎么办。这事拖了一年，我就撒手选择离开，他有他的事业，若是做成了是关乎他一生的事。

当时我想得太简单了，后来那个老师进修回来，我又回到了家里。那时 20 岁，天天有人上门说媒，后来我想随便找一个人算了，就这样我和我现在的老公，见面一说就定。三天后定亲，过了年，整整大半年，不知道自己晃晃悠悠地做些啥。秋收以后就结婚了，也许那时候想离娘家近，远的地方不想去。结婚的时候花了 1000 块钱，那是 1989 年。所以说现在的年轻人在爱情婚姻上别盲目轻率地做决定，要给自己留空间。

我的老公，我的家庭

如果我老公是个老实、肯吃苦、肯干的人，那错与对也就罢了。可偏偏我老公脾气不好，他爸死得早，他妈年纪大了管不了他，他就喜欢到外面瞎逛，有时候一出去几天不回家。挣点钱也是挣一个花两个，爱冲动，总以自我为中心，如果心情好了什么事都可以说，心情不好的话闹起来性子很凶。

记得我们结婚不久，我找了点事做，在镇上的一个化工厂的老板（也是一个文学爱好者）开了一个小饭馆，让我去监管（他给他妻子在镇上开了一个加油站）。当我们把饭店置办的东西及厨师、服务员搞定准备第三天开业时，我老公带着他的弟兄去老板那闹，说他不愿意我出来做事，必须跟他回去。他在那里僵持了好几个小时，直到中午，那老板说你先回家吧，想来了以后再联系。我那时怕老公把事搞大，影响不好，也就跟他回家了。

我老公有个睡懒觉的毛病，晚上十一二点回来，一觉能睡到第二天午饭都不吃。有一次早饭、午饭热了凉，凉了又热，怎么叫就是不起床，气得我说了句："这哪叫过日子，就知道睡！"

他一听大怒，掀开被子叫道："我想咋睡就咋睡！还想管我？"然后，掀起一个枕头摔向床边，拉起被子继续蒙头睡去。那一年我们家里有四五亩田地，因为种上了绿豆、芝麻，小苗得拔草隔苗。一天我与老公在地里拔草，我家邻居正好经过地头，说是去山西黄河那边，我老公一听扔下锄头，就跟人家去了山西。结果那几天我一人弄不过来，又逢涝雨天，他从山西回来时，庄稼苗我才拔了一半，也就是二分之一，剩下的一半荒掉了。

我还在老家卖过小孩衣服；蹬过三轮摩托，跑了四年，用三轮车拉人、拉货；还卖过水果、蔬菜。2012年家里盖了房子，盖房后没钱了，我才出来打工。2012年去上海一个饭店打工，在饭店里给人家上菜，报菜帮帮后厨，在那儿待了两个多月；回家后又去了西安，在一家汽修公司帮人洗车，记车牌号，在西安干了半年。现在房子才装修了一半，儿子也一天天地大了，快到说媳妇的年龄，结婚也需要用钱。

现在孩子们大了，老公脾气好了些，前年来苏州还是第一次出门打工。他现在当保安，自由点，不像厂里规矩多，让你做什么就得做什么。想一想，大半辈子就这样过去了。

我有一个女儿和一个儿子，孩子都还比较听话。老公脾气不好，有时和孩子不怎么好相处。孩子们有点怕他，尤其是小时候，作业没做完，或者做了错事，他就大骂。所以孩子们有什么事都和我商量。他们上学的时候，我在跑车，比较近，可以回家给他们做饭吃，吃过饭再去跑车。女儿结婚后，我就操儿子的心了。儿子上初中后，那段时间好几个同学不愿意上学，他也不知怎的，不愿念书，我就问他不念书想做啥。他说他喜欢搞维修。后来我就去找我大姐，他的儿子在我们灵宝市上班，在那里帮我儿子找了一个汽修店，专修小轿车。我儿子16岁，不到17岁就去修车，他学的是钣金。2012年还在西安，他从我们市回家，也不给我老公说，自己到三门峡找了一家店，都上班一个月了，才告诉我他没跟他爸说在三门峡上班的事。

我儿子身体不太好，好瘦，这两年个子长了不少。我这些年在外边，他在三门峡，自己做饭，因为那个4S店没饭，他在那里待了两年。去年9月份，那段时间他很郁闷、压抑，好像是修车不小心弄破了车玻璃，经理说了他，还罚了他1600元。闹了一段情绪，他又去西安他同学那边的蛋糕房待了半年。后来他又想回家，就又在三门峡找了一个汽修厂，继续干他的活。有时想想家里的事也挺烦的，不过也习惯了。人就这么回事，要活着，活着就得做自己该做的事。

乡村婚姻

现在就想多赚点钱，给儿子娶媳妇。

自己肩上的担子，不卸下来的话，到了五六十岁想做也动不了了。他还没安定下来，怎么办？

不过我想多给儿子时间和空间，他看着办，怎么好就怎么做。他也许在外面谈了对象，什么时候合适结婚只能走着看。他们的年龄在增长，思想也在不断变化。

前几年老家结婚时兴弄鞋垫，那几年在老家跑车，没事给女儿做鞋垫，给她弄了 80 双，还有人搞 100 双。被子一般都是 20 床，棉花弄好的十几床，被单二十几个，门帘一二十个，彩礼三四万。

今年不行了，春节回家，村上人说，彩礼提升到十来万。像我一个老乡，给儿子娶媳妇，结婚彩礼不说，女方要求在镇上买房子，这算起来就是好几十万！我和老公在苏州，一个月两个人的工资加起来也就五六千（包括生活开支），若是遇到淡季工厂不忙，还不到这个数。虽说在苏州也三年了，挣点钱补贴家用、装修房子还凑合。若给儿子娶媳妇，就希望乡村的彩礼别再涨了，如果再涨，像我们这样收入的人，真的负担不起。

编者注：王姐不惑之年后才离开老家，到经济相对比较发达的东部沿海上海、苏州等地打工。2017 年，王姐为方便照顾家庭，去了离老家比较近的西安打工，在西安的一个洗车行洗车。王姐年轻时候就喜欢写文章，即使在苏州的工厂里每天工作十多个小时，忙的时候甚至一月无休，也依然坚持写作，写了很多关于工人的诗歌、小说、散文等，下面是几篇王姐写的诗歌。

远方的歌

负重的行囊
装不下太多的愁怨
只好把故乡的思恋
母亲的笑脸
收起
埋在心底

岁月的风

吹开了桃花

吹落了秋桐

远方的翅

琴人的歌

雨丝轻拨

梧桐细说

远方

远方

可是我家乡

天　涯

我是一粒沙

飘落在天涯

我是一粒尘

无声岁月里

城市春与秋

繁花已尽处

依然那首歌

曾经　曾经

花儿红 绿儿肥

相聚的笑容

相知的话语

想把他们留住

走过的风儿挥挥手

已是过往云烟

啊 思念的人儿

我在这边

你在那边

你在那边

我在这边

王姐在车间里

供图：王姐

苏州工厂女工速描

十年苦闷无处泄

孙玉，41岁，四川人，2005年进厂，2015年辞职，辞职原因是颈椎病复发，头晕、呕吐、腰部疼痛，临走的一天，她与车间领班大吵一架，愤然离去。

孙玉的小孩6岁时，她与老公就到苏州打工（孩子在老家由婆婆带着），刚进厂时，对工厂不习惯、工作不熟悉，加上胆小，她常常受领班的气。一次，她手脚慢，赶不上流水线的节奏，出错了，班长就瞪着眼指着她骂："就你这样，干啥能成？给你说了一次又一次，照样犯错，脸（皮）厚着哩！"

当时，她真不想做了。可又一想，她进这个厂之前，进了几家工厂，要么车间气味太大，要么站着工作，好歹这个厂的流水线没有怪味，还是上白班，不用熬夜。她忍下了。

还有一次，她来了例假，可手上的活就是赶不完，眼前堆的产品流不下去，她顾不上去厕所，血就从裤子里渗出来。当时线上急需换品种，她手脚慢，班长一直在后面催骂。一个工友替她做活，借给她一条工作裤穿上才算解围。那天，她饭也没吃，气着、哭着把活赶完了。

一月、两月、三月……她终于熬过去了。这一熬就是十年，十年的辛苦，换得家里的土坯房变成平房，供儿子从小学到高中，再到大学；十年，不知多少个日日夜夜的加班，婆婆突发疾病去世，她还在流水线上；十年，人生有几个十年，从风华正茂到今天的黄脸婆……

由于整天低头看产品，腰身酸痛，颈椎病易发，每次发作她都要休息一段时间，直到实在抗不住了，也无法再向厂里请假，只有申请离职。

最后一个班，快要下班时，有条线上因为新员工操作不顺，活赶不过来，领班让她去顶。当时线上换品种要换治具，匆忙中她拿错了治具，顿时，班长大怒："拿个治具都拿不好，也不看看，有时间给你磨蹭！"

她一听也来气，回道："拿错又不是故意的，像母老虎叫什么！"

这下惹了班长，两人你一句我一句开起仗来，直到线上其他班长来劝说才停住。

第二天她去厂里交工服、办离职手续，有人问她以后怎么打算，再找厂干还是干其他的。她苦笑着说："真不知道咋办？儿子上大学要花钱，现在的身子也不知能撑多久，还是先养好身子再说。"

六年精力白费，她不知人生去向

阿红，40岁，山东人，她进厂时就给自己定了一个计划：六年之内，必须做到领班的位置。她一个同乡姐妹比她早进厂一年，在二车间做了领班；还有管物料的苏州老郝，也是做了8年的操作工升到物料主管。她觉得她们是人自己也是人，自己不比她们少胳膊少腿，脑子也不是不好使，也一定能做到。

于是，她兢兢业业、认认真真地从机台操作工开始，一边顺从地做任何领班吩咐的事，一边尽量地早完成工作，甚至超产。她得到了B班领班袁梅的赏识，不但教她操作每个产品的技能，还一直在系长、部长面前夸她，两年后她熟练地掌握了车间各种产品的所有操作。之后，袁梅又教她学会了产品统计速算，以及每台机器生产的计算表绘制。三年后，她被袁梅提升为副代班。这一来阿红更有劲了，觉得前途有望。她做了副代班之后，全台的机器计算、绘图都由她包揽，甚至连袁梅的喝茶、端饭，她也步步跟上，前后伺候。

2014 年，厂里来了一个新部长，新官上任三把火，新部长从老家带了一笔生意——数字轮牌制作，也是出口的货物。阿红一听很高兴，她想这应该是个机会，这个项目她能接手最好。于是她把想法告诉了袁梅，袁梅抬抬头说："不可能，部长已经交给二车间的同乡妹做了。"

阿红心凉了半截。不过，她想这次机会失去了，今后还会有的，只要自己不放弃。

快到年关时，袁梅老家有事请假回去了，领班由阿红代理。她感到无比兴奋，几天里见到领导都哼哈弯腰，但在工人面前就挺直腰板、瞪眼珠子。

过了几天，袁梅突然辞职。阿红又喜又担忧，喜的是领班的位置她很有希望，忧的是万一上面另有人选，她没有为她说话的人。

半个月之后，早会上系长宣布 B 班班长由车间优秀员工贺珍担任，阿红傻了。贺珍能力超过她，也知道她与袁梅黏乎，早就看不惯她了。这以后副代班的位置恐怕难保了，阿红沮丧到了极点，很烦躁。后来她请了半个月假，在家里她恍恍忽忽的。她该怎么办？换厂吗？又得从头开始，她不知自己的方向在哪里。

要我在这个厂做品检做下去，我宁愿到别的厂当操作工

"厂里有个女孩叫倩男，30 岁，甘肃人，在苏州某塑胶厂做了四年品检。她本名叫倩倩，手脚勤快，声大音粗，因说话有点像男人，还好管事，所以车间的人叫她倩男。"

　　一天晚上，我进厂上第一个晚班。我工作的那台机器产量定的是 500 个的计划，到了凌晨五点，领班跑来统计，我就做了 530 个。可领班责问我说："你怎么做这么少？不知道 A 班有竞争吗？你这是半自动机，手脚放快点，要做到 600！"

　　还没等我说话，一边的倩男接了话茬："凭什么叫人家做 600？A 班白天有领导在，人家才做了 500 超 10 个。人家熬了一个晚上就超了 30 个。做 600 产品质量不保，你负责呀！"

　　一句话说得领班无以对答，灰溜溜地走了。

　　还是一个夜班，我在 2 号线的大机台做活。做到十二点时，机器突然出故障坏掉，晚班的大机台主任请假不在，兼机修的线长又不知跑去什么地方睡觉了。无奈，我只好找 1 号线的机修工。小伙子修了十几分钟没弄好，就自己跑了；我又去找小机台主任，小机台主任正在装卸模具，等他忙完活过来，机器已经停了两小时。小机台主任就打电话找线长，线长过来就气呼呼冲我喊："蠢死了！不会去找别的线的机修工？就让机器停着不干，脑袋坏了！"

　　我一听气得骂道："你脑袋没坏！没坏不知道这机器是你负责！还跑去睡觉！"

　　线长还要发火，倩男跑来大声吼道："线长大人在上面主任那里吃了苍蝇了，在员工身上发火，还挺有本事的。自己对工作不负责，却猪八戒倒打一耙，你算啥？"

　　"我说她关你啥事？"线长越听越火。

　　"我看不惯，咋了？"倩男不相让。

　　"看不惯就别在这里干！"线长怒吼。

　　"这里有你这样的'人才、榜样'！你以为我稀罕！"

　　自那后，我才知道这里管理混乱，线长、领班随意辱骂女工。没理睬厂规里需要工作一个月后才能辞职的规定，就自离了。去厂里交工具——剪刀、钳子、风机等，走出厂门时，遇到了穿便装的倩男。她告诉我，她也辞职了。我说是不是因为我，她笑着说："不关你事，我早就想走了。"

"那你打算去哪里？"我问。

"去别的厂做操作工。"

"在这里做了几年的品检，再去做操作工，太可惜了。"

"要我在这个厂做品检做下去，我宁愿到别的厂做操作工。"

"真佩服你！谢谢你主持公道。"

"没什么，我这人就这样。再见！"她冲我笑了笑，转身离去。我却被她的倩影吸引，好长时间回不过神。

第 二 编

流动的爱情

流动的爱情

少年的向往

我叫洋洋，1989年出生，安徽人。

人总是在拥有一样东西的时候不够珍惜，在失去的时候追悔莫及。对我来说，学习就是这样的。中学的时候，学习成绩不好，对学习也没有兴趣，加上那时候家里的条件也不好。村里面和我差不多大的男孩子只有一个还在继续上学，我时常会想出去转转，看看外面的世界，也想赚点钱减轻家里的负担。所以我在差不多13岁的时候就辍学了。

一次偶然的机会，听说外面工作很好找，就算是童工，也能找到活，于是我就跟奶奶说不想读书了。奶奶为了让我打消这个念头，就骗我说那是人家骗我的，在外面会被割肾卖，各种吓唬我。但我不为所动，我想就算有这种事也应该不会发生在我身上。两三个月之后，我就偷跑出去了。一开始因为是童工，所以就只能进个小厂，做了半年。为了挣钱，我每天都在使劲干活，等到挣了差不多1000块的时候，忍不住了，想家了，然后就回家了。把钱全给奶奶了，改善了伙食，家里当时什么都没有，电视、风扇什么都没有，条件很差。

后来，我在老家捡过垃圾、捡过瓶子，又接着辗转到外面继续上班，漂流了1年半左右。差不多18岁的时候，我进了爸爸在

的厂，因为有亲人在身边，感觉也不那么想家了，就在那做了 3
年。出来之后，每天的生活跟上学时的比起来辛苦，上班的时候
也会时常感觉到自己各方面知识不足，有时候甚至会怀念学校的
生活。

遇上爱情

在我爸的厂里干了 3 年之后，感觉在外面也闯荡这么多年
了，也该自己独立起来了，于是又找了另一家工厂上班。大家出
来打工都不容易，在厂里别人有什么需要帮忙的，我都会毫不犹
豫地过去帮他们，所以我跟厂里同事的关系都比较好。老板娘也
会经常下车间看我们工作，因为我在工作的时候会很仔细，也不
会偷懒，所以老板娘就很看好我，让我在空闲的时候跟着师傅学
习维修机器，这在厂里是比较吃香的。

一次偶然的机会，厂里招了一批新人，老板让我领人过去，
其中里面就有我后来的女朋友。就这样，我领着他们熟悉工厂，
教他们操作程序及操作技术，后来大家在师傅的带领下开始上
班。大概过了半年，新来的同事与大家也都熟络起来了。这时候
因为自己年纪也不小了，爸妈也开始催我找女朋友了。其实，当
时在 QQ 上是有个聊得特别好的女孩子的。考虑到结婚后双方回
老家方便照顾父母等问题，我的想法是找个老家或是离老家很近
的地方的女朋友。这时候就瞄上家在六安的后来的女朋友了。没
有过多的甜言蜜语，没有送花，早上我会买早点给她，晚上饿了
的话就会出去买夜宵给她。就这样，我们俩平淡的内心开始萌动
了。有次，她突然跟我说不想上班了，也不想回家，因为她当时
是住在她舅舅家的，后来了解到，是因为和舅妈吵架了。我很理
解她当时的心情，于是就让她住在我当时的房间里，但我们双方
家里都不知道我们俩在恋爱。如果就这样不明不白地在一起，我
觉得这是对女孩子的一种不尊重，于是在她住我房间的那段时间

里，我都住在外面。那件事情之后，我们俩都觉得差不多应该向双方家里说明我们的关系了，于是就打电话给他爸爸。当时是做了最坏的打算的，如果同意，我们就回去拜访他们，不同意的话，我们就和平分手。幸运的是，他爸爸同意了，于是我们请了一星期假，决定回去看望他们。

第一次进她家门的时候被吓到了。之前就听她说家里比较穷，但实际一看还是被惊到。那时候农村已经普遍是砖瓦房了，但是她家住的还是泥土房，门檐很低，室内除了一台很老的电视机之外基本上没什么其他东西。知道女朋友在这样的环境中长大，一瞬间感觉很心酸，但是心里暗暗发誓一定会让他们一家人过上好日子。于是我就向他们提出搬到我老家去，老家的四间房子她爸爸和我奶奶平分，或是跟我一起来苏州，也就是再租一套房子的事情。可能初次见面，也可能习惯了老家的生活，她爸爸婉言谢绝了。

于是我又和女朋友回到了苏州，继续上班。

半年之后，女朋友想家了，不想再在苏州待下去。对此我表示理解，因为她爸爸年纪也大了。于是我们一起回到了合肥，开始找工作、租房子。初回合肥是比较不习惯的，工作比想象中难找。但似乎，我的生命中总是充满偶然。一次，在网吧投简历的时候做了个虚拟系统，网吧老板看到我使用虚拟系统，就觉得我电脑技术不错，于是就问我是否愿意在他的网吧做网管工作，平时每天工资100—150块，周末的时候则是200块，如果愿意在老板所开的三家网吧里轮流做的话工资还会更高些。考虑到当时也没什么合适的事情可做，于是就决定在网吧做着。

在网吧工作期间经历了一次人生中的诱惑：老板有一个女儿，跟我差不多大的样子。冤家路窄，初次见面的时候我们就发生冲突了，以为自此之后她就不会再理我，但事实正好相反。她每天缠着我，我不用工作，只要每天陪她出去兜风。这样过了很长一段时间，我想她大概在等我表白。这时候我女朋友已经怀孕了，而且当时我很爱很爱女朋友，于是我决定向老板的女儿摊牌，表示我们是不同世界的人，在一起不可能会有结果。她也表示欣然接受，我们之后的关系没有什么大的变化，我女朋友也知道了她的存在。

之后，又过了几个月，我爸妈让我们回苏州，以便女朋友生产的时候有个照应，于是我又辞去工作回到苏州。做了两个月的临时工，身边有了一定积蓄之后，找了一家电子厂做领班。接下来，除了上班，就是准备我和女朋友的婚事。3万块的礼金，车队、酒席、红包等一起大约花了20万块。这20万包括爸妈多年的辛苦钱，也从亲戚朋友那借了几万，这对工薪阶层的我们来说压力是比较大的。但当时没想那么多，有爱的人在身边，不久的将来孩子也将出生，等孩子大一点，我就可以和老婆两人一起赚钱还债、赡养两边的老人，再让生活过得好一点。那样的生活想想都很美好！

心碎的婚姻

就像烟花，美好只是一瞬间；也如昙花，盛开只在刹那。我们的婚姻也是一样。在生完孩子之后，老婆提出想回家待一段时间，因为在苏州这边和我爸妈待在一起不习惯。老婆就一个人回家了。平时上班之余，我们会经常通电话。有次接电话的是个男的，说我老婆有事出去了，当时以为是她朋友，也就没在意。中间一次，她说想让我回去一次。我们虽然已经办了酒席，但是还没来得及去民政局注册登记。我以为她在意这个，于是就请假回去了一趟。她见到我没什么喜悦，问起我女儿的情况也是很冷淡。我以为她是产后抑郁，所以也没多想。当天是周末，民政局没开门，所以只得将户口簿和身份证放在她那边，试试一个人能否登记。三四天之后，她打电话过来说不能登记，于是我决定等哪天抽空再回去一趟。这样，我们又继续了两地分居的生活。

　　有一天，她突然发短信问我，如果她喜欢了别人我会怎么样。我以为她在开玩笑，我就回她"如果你喜欢别人了，我就把他打一顿"。"我没骗你，是真的！""哈哈，我知道，喜欢你的人是我啊！"这样的对话之后，她就没再回复了，打电话过去也没人接。但当时我仍没在意，天真地以为这是我们之间相爱的方式。之后，我打电话给她，又是一个男的接的，并声称是她的男朋友。我就训了他一顿，跟他说我老婆是有老公和孩子的人，对方却表示都知道，我们的对话就不欢而散了。晚上我老婆打电话过来，没有正面回答那个男生的事，当时我怒气还没消，于是也训了她一顿。

　　有些事情真的很讽刺。几天之后，我岳父打电话给我让我务必回去一趟，有些事必须跟我当面说清楚。当时我心里就打鼓了。第一，我"老婆"在家，身体没问题，我回去干吗？有什么事情电话里不能说呢？第二，我"老婆"上次说自己出去买礼品了，可是电话为什么是个男的接的？还有什么事情需要我回去说呢？没来得及细想，第二天我没跟厂里请假就回去了，但是岳父不在家。中午的时候他回来了。在车上看到他时还好好的，但一坐下来他就开始抽烟，接着就哭了，说有些事一定要跟我说。我就慌了，就告诉他有什么事情尽管说，只要我能办到的一定会尽力而为。他说没什么，说关于我"老婆"的事情。当时我又惊了，问是不是她出了什么事情。他说没有，我就放心了。他又说道，你之前打电话是不是一个男孩接的，这个男孩喜欢你"老婆"，她也喜欢这个男孩子。我当时都不知道脑子在想些什么了，晕了大概有十几分钟，他就问我怎么了。然后我就打电话给我"老婆"，让她实话告诉我那个男的是谁。她就说"我爸都已经告诉你了，我也就不瞒你了。在我跟你结婚那天过后，我们就认识了。我是真喜欢他，他也真喜欢我，我结婚他知道，我有女儿他也知道"。我就说"我知道该怎么做了"。

　　当时我的想法是既然得不到，那还不如放手，其实也就是说起来容易，真正做起来很难。那次我没有回老家，而是直接回苏州。在车上的时候，悲哀、愤怒、屈辱各种情感纠结在一起。特别是想到女儿，不能给她完整的家庭，更是悲痛不已！但回到家，我不想爸妈这么快知道这件事，怕他们受不了，还得瞒着。

心痛放手，面向未来

终究纸包不住火，在冷静了几天之后，我整个人都蔫了。爸妈察觉到我的变化，我只得将事实告诉了他们。当时我自己住一间房子，那件事情之后，天天喝酒，在哪里喝醉了睡哪里。只要是我朋友过来看我，我都绝对是没洗脸没洗澡的状态，醒了就喝，醉了就睡。我朋友实在看不下去了，就开导我，带我出去转转，但是玩也不行，也是走到哪里喝到哪里，当时真的是想死的心都有，最爱的人跟别人走了，而且还留着女儿，真的，想死！后来没办法，我朋友说，好女人多得是，就看你有没有这个心去找，何必为了她一个人想不开。我想想也是，毕竟我还有个女儿，还有个家，还有奶奶和爸妈要养，虽然我爸妈现在还不需要我花什么钱。想到我女儿，就哭了好久，因为心里自责，不能给我女儿好的家庭！那时，大概一年没有上班，自己有电脑，就每天把自己关在小屋里面，成天上网，吃饭我妈送进来，吃完收拾一下又开始玩。朋友打电话给我，让我出去转转、散散心，我也知道他们的用意，因为会叫很多女孩子一起，男孩子很少。还没结婚之前，我认识好几个女孩子，都玩得比较好。有几个女孩子是我们老家的，长得也挺好的。我也没明说，就跟我朋友说，我知道你们的用意，我也知道自己的处境，我会慢慢从被动变为主动，会从阴影中走出来。他就说，"好，我希望明年会看到你带领我们把这条线做好，要不然的话，不好意思，见你一次，就直接去 KTV，要不就你掏腰包"，因为关系比较好，朋友就半开玩笑地说。

　　经过一年多时间的疗伤，我又重新回到之前的厂里上班，还是之前的部门，做操作工。一起干活的日子比较有意思，有说有笑，跟平时没多大区别，就是心里不太想跟别人有太多的交流，在厂里、外面、家里都是。在家里挺无聊的，有次赶上家园（一个公益机构）的一次活动，我就拿了一本书看，就觉得挺好的，因为写的都是打工者的生活，还有琴，还有留言，QQ群，加了好几个群，但没怎么在里面聊过天。有次家园有活动，我就过去了。后来觉得这里面人挺多，也聊得挺开，我感觉非常好。来这边跟大家有说有笑的，会暂时忘掉不开心的事情，要是一个人待着的话，肯定会想她，会想起以前的事情。

　　自从我们分开后，她就没打过电话回来，也没有回来看过孩子，到现在，一个电话也没打过，也没问过。虽然我能联系到她，但我也不想打扰她了，毕竟她现在已经结婚了，也有孩子了。我想拿得起放得下。她有自己想要追求的幸福，我肯定不能阻止她。我现在就想她来看看我女儿，因为从出生半年后到现在她都没见过她妈妈。以前，我私下流过泪，会经常想她，现在好多了，偶尔会想想，因为我还有生活要过，有女儿要养，肯定要走出来！我相信，不久的将来，肯定会有个适合我的人在某个地方等着我！

　　现在的生活很平淡，女儿已经2岁半，过不久即将上幼儿园。我也在厂里上着班，每月几千块钱，如有可能，也会在苏州买房，也有可能会回家，未来的事谁知道呢。过好当下的每一天，珍惜身边的每个人，好好对待他们，是我现在想做的事情！

东北犟妹子

我跟你说吧，从我老公 39 岁去世以后，我的命运就坎坷得不得了。之前就是平平庸庸的，他去世后日子就不好过了，那时儿子 15 岁，女儿 17 岁。

犟妹子

我这个人心高命不强，以前我做姑娘的时候就是。那时候大队，公社好多人去我家提亲，但我都看不上，就是看不上。后来呢，我姐的老公公来我家做媒，那时我正好是 20 岁。我和我姐在厂里上班，那时候有个厂真不容易哦，我们东北要好一点。大队里面承包了个厂子，大队有个会计看上我了。他家有四个儿子一个女儿，完了请我姐夫的爸爸来做媒。做媒呢，我俩见面了，我觉得这个小伙子呢还不错，我爸我妈就定下来了。20 岁定亲，定亲那天我爸就去世了，得了食道癌。

我爸去世了以后，我感觉我妈就蛮苦的，就这么马马虎虎往下走吧。反正一年三个节，我到他那里过节，其他时间我们也见不到面。他在大连打工，我在老家（大连乡下）上班。我以为日子就这么慢慢过下去了。

有个小姐妹，在砖厂上班，那时候我们在厂里上班钱很少的呀，一个月几十块钱。她要我到砖厂上班，因为砖厂老板是她干爹，百把块钱一个月。我这个人钱心重，（20 世纪）80 年代百把块钱蛮好的。我们村去了五个，五个都是我同学，还有一个是我二姨家妹妹，比我小一岁。我婆婆家要结婚，因为定亲四年了，但是我对他没感觉啊。

开始我觉得他还行，但对他没感觉啊。我一直就是不想结婚，24 岁还不结婚，他就问为什么还不结婚。我就说我老爸去世了，又没人给我陪嫁妆，我只得出去挣嫁妆。到了大连市郊，她干爹家厂就在市郊，干活蛮轻松的，因为小姑娘干活毕竟不累，那时候工资也蛮好的。正好遇到谁呢，遇到我现在去世那个老公，安徽的。他也到砖厂打工，砖厂一百多人，安徽的就有三十多人。

安徽那帮人都很精的呀，完了我老公就看上我了，他明知道我已经定亲，还追我。

正好干了一年，五个小姑娘嘻嘻哈哈的。他一直在追我，我也没什么感觉，因为安徽那个地方也穷。后来呢，他就是跟我一起吃饭、喝酒，我也喜欢喝酒。几个小姐妹就说你家里那个男人啊就是有点小气，过日子是一把好手，就是不会哄你开心。按照我现在这个年纪的想法呢，我是找这种人过日子呢！我几个小姐妹当时就说他不好，老是说不好。你想五个人在一起，一个说不好，另一个也说，我就对他没感觉。24 岁那年，正好他（指主人公去世的丈夫）也在追我，我想要找就找远一点吧，门口不找了。后来到下半年回家，我就跟我妈说，这个呢确实不行了。我妈问为什么。我觉得一点感觉都没有，以后过日子肯定不行的呀，天天要吵嘴打架的，因为我的脾气特别糟。后来我妈说不行，定亲的时候我娘家去了十几桌人，买了几套衣服，实际没几个钱，也就千把块钱。

你知道我去他家退亲，他家要多少钱？3000！他的意思就是，我老爸也不在了，拿不出这个钱来。但是你知道我 17 岁初中毕业就出去打工，我存的钱我父母不要，我有钱的呀。但是我舍不得这个钱往外拿，我干了这么多年呢！

他以为这么一要，我肯定是退不了了。我妹妹说不去（退亲），我姐更不去，我弟弟比我小6岁，他说二姐我陪你去。

我和我弟弟骑个自行车跑去了。他家买的东西我全都没动，包括一双白高跟鞋，全部还掉，还赔了3000块钱。后来谈的那个对象就来我家，我哥哥、嫂子、我姐、我妈全都不愿意，说这个人长得太丑啦，又这么远，被人家骗了怎么办呀。

我那个时候就死心塌地了，因为他对我特别好，就打算一条道走到底，不管什么路就走吧。到腊月时，他已经回家啦，又回来了，可能是他父母叫他回来的，因为他家很穷啊。他到我家去了就跟我妈说，我们俩是自己谈的。我也确实退掉了（之前的定亲），后来我妈就不愿意，在家哭。我心想已经走到这步，反正怎样都要走，就跟他去了。

结婚之后

安徽芜湖，穷得要死。乡下那个路呀一走一个坑，哪有我们那个路好，但是我自己选择的路只能往下走啊。我才到安徽的时候，他对我是真的蛮好的。他家里有四个弟兄，还有个妹妹，他是老三，家里是真的很穷。我心想穷就穷呗，只要有两只手，到哪都过日子。他父母对我不怎么好，因为上面有两个嫂子，我娘家又远。我才到那个地方，有好多话不能讲。

腊月底到他家去的，过年后正月初六结的婚。办了喜事我们直接到我家里重新办了喜事，因为我这个人特别要强的呀。然后怀孕了，到第二年腊月三十上午十点钟生了头一个孩子，儿子，养下来就死掉了。

不知道是什么原因，养下来就死掉了，就是因为我婆婆对我不好。如果我婆婆一直陪我到医院里，我那孩子不会没有的呀！

1991年的（年）三十吧，早上生的，还没过年。我就说我这个人的命怎么这么苦呢，在家一直挑，现在挑了这么一个，但是我老公一直对我蛮好的。他怕我，因为我很强势的呀，我一直都强势。后来，我妈就问我："你还不回来啊，你在那边日子怎么样啊？"我强颜欢笑，说日子蛮好的。

我有什么事情都拍电报回去，我跟老家的人都书信来往，我现在还保着。后来我就心想这公公婆婆都不怎么好，算了，小孩子也搞掉了，我就搭车回去吧。因为他父母，我对他们一直恨啊，到现在都恨，正好我养这个小孩子的时候我妈去世了。

我养小孩是腊月三十，我妈妈是正月二十七去世的，我还在坐月子。他们（指婆家）应该通知我，坐火车两三天可以回去。他家根本没告诉我，老公也没告诉我。

他们不告诉我，电报也没给我，就寄了几百块钱回去。后来呢，满月了，我妹妹给我写了一封信，信上写老妈去世你都不回来，完了这个事穿帮了。我心想孩子也没有了，公公婆婆对我也不是太放心上，算了吧，回去吧。后来，我跟他吵架打架，因为我妈妈去世，我跑到大公路上。遇到一个邻居，说"你走了日子没法过了"。我说我妈妈去世都不告诉我，要不是我妹妹写信来都不知道。我被她拖回去，日子又继续过下去……

我比他大3岁，那时候我25岁，他22岁。后来又生了儿子、女儿，有两个小孩了想走就不舍得了。儿子女儿上小学啊上中学啊，他在外边打工，我就在家带两个小孩，这日子这么过过也就过下去了。

他做瓦匠的啊，瓦工，就在我们县城里做。县城离我们家近，二十几里路。他一直做瓦工。

他都是早上出去晚上回来，那时候我们家就有电瓶车了。反正他早出晚归的，我在家带两个孩子上上学，小日子过得也蛮好的，过得很舒心的，对吧？我那时候学会了打麻将、学会了玩牌九，我以前从来都不会，就那段时间孩子念书，我没事呀就学会了。

我家五六亩田，都是种水稻，只要栽上去就不用管它了。没事的时候多，我就学会了赌钱。后来我也不赌了，有时间就赌赌，没时间就不赌了。他跟我会吵架，才去（他家）的时候经常吵，后来孩子大了，就说我俩就这样过吧，你早出晚归的，我在家做做活带两个孩子。

误入歧途

我大伯子那时候在炒股。有个四川人做传销，把我大伯子搞到广西桂林去了。我家大伯子就把我小姑子、姑爷他俩也弄去了，他俩又把我老公害去了。

大概在 2004 年、2005 年吧，他们被弄去了之后，我老公骗我。当时没说传销，我小姑子说生意好得不得了，叫我老公去帮忙。我老公去了，腊月二十几打电话给我，说"你能不能给我打钱来，我要在这做生意"。我心里想要是真正做生意，那我家里日子不就好过了，既然有生意做干吗不做呢?！他们都骗我一个人，我就跑出去借钱了，那个礼拜我跑来跑去的。我本事蛮大的，他们都很相信我，我这个人性子很直啊，借了 33000。腊月二十三还是二十四，我记得是小年夜，他说"你赶紧打过来，我现在房子租好了"。我马上就到镇上的农业银行给他打了过去。

过了年正月二十七村上唱戏，他打电话给我，让我快点去，生意好得不得了。我听他这么说就跟我婆婆说，你儿子打电话给我了，说生意好得不得了，叫我去。我两个孩子要她带，我婆婆跟我要 500 块钱一个月。我心想生意好怕什么，两个孩子 500 就500。我就跟她说，帮两个孩子洗洗涮涮，烧饭给他们吃，两个人念书要看着的。我就带了两件衣服，一个人去广西了。去了之后呢，他在车站等我。

我在桂林火车站下车，他们告诉我坐几路车到荔浦县。我到了荔浦汽车站，看到老公在那等。我一望完了，一个人蹲在那，租一个破摩托车到他们租的房子去。他住的是三层，底层是主人家住的，二层、三层是他们住的。我上去一望啊，就是一个大圆桌子，就像吃饭的那个大圆桌，有十几个人，全是男的。我就问我老公，对他说你带我去店里看一看，我就放心了呀，他不带我去。他们知道我这个人脾气说发火就发火，我老公怕我，他知道我的脾气，一桌有七八个人。

我在火车上时，人家就说广西有传销，我心里就已经有疑问了呀，你说做生意做到广西去了呀。我到了就让他带我到店里去，去了之后还有个女人，也是安徽的，那个人就给我"洗脑"了。我说你不要跟我讲这个玩意了，我马上揍你了！我没去之前他们已经把我研究透彻了呀，因为我家里人在那，我是什么脾气，什么样子，都把我研究透彻了。我把我老公拽到三楼，就打起来了，打起来二楼的人都上来了，我三哥也被骗来了。

我大连的三哥也被我老公骗来了，说生意好啊，没告诉我三哥也来了。我老公嘴巴被我打得肿了。我三哥不走，我就走不了啊，他们都说我是瘟神。好多人在那边，今天到这个地方听课，明天到那个地方听课。当时我去了就讲，这个事我不能干，他们觉得我是瘟神啊。把我放在家里面，折腾一个月，一个月后我把我三哥送走了。我三哥交得很少，交了15000块钱。一份好像是2800，他们都交了11份，我三哥交了5份，我们是33000。后来我三哥走了，第二天我也要走，问我老公走不走，他说不走。我说不走也行，咱俩到此结束，儿子是你的，女儿是我的，你过你的日子，我回家过日子。他还不错，第二天和我一起回来了，他们也不让我们回老家。我们就去了安徽铜陵九华山打工，他做瓦工，我做小工，把儿子女儿也接去铜陵了。村里做传销的十几个人，都不回家的呀，他们不回家我们就不能回家，我们就在铜陵做了一年。

他们要求我们两人不许回家，怕把他们的事情败露呀，因为回家我肯定要说他们做传销。他们心甘情愿在那边，全部被"洗脑"了，就我一个人没被"洗脑"。我那个二大伯子、二大伯婶，两个人在那住了一年。我走的那天跟他讲，我说老二你要不要走啊，这个事真的不能做，做下去饭都没得吃。他不相信我的呀，干到过年回来了，儿子没人养，两个儿子都没人养。我不管他，与我不相干啊，传销就惨到那个程度。

在铜陵我就做小工，一个月挣五六百块钱，全部给我婆婆了呀，我婆婆给我带两个孩子。我们两个人在铜陵打工，孩子放家里上学，放假的时候接去铜陵。他们不许我们回去，我想算了吧，你们爱怎么干怎么干，我们两个在铜陵干。后来那些人回来没饭吃，到我们那里吃喝。我老公背着我给他们打钱。后来干了一年，我就回来了，在家带小孩。我就跟我老公说，没事啊，不就几万块钱嘛，我们两个小孩都大了，我们四个人出去打工，两年就还掉了，是不是啊？我就这么安慰他，因为这个事情已经做了，你把他杀了也没有用啊，只能往宽的地方想。但是我老公一直放在心上，他喝闷酒就有那个因素在里面。后来他走了，两个孩子丢给我，债也丢给我，你说这日子怎么过，一个月挣900块钱！

突来的横祸

我老公39岁那年，好像是腊月初十，一般每年干活都要到腊月二十。

谁知道呢，那年他家里姑爷，就是我公公的妹妹家里起灶头（土灶），我老公会弄，就喊他去弄。他跟我说今年活不多，就休息休息。我说歇就歇吧。在家里休息两天后，他说出去讨讨债（讨工钱）。腊月十三，他那个姑爷就到我家喊他去搭灶，家里头要烧饭。我说你家女婿也会做，我老公又没时间。

姑爷说没时间也要去，我说真的没时间。第二天我老公还是早上七点钟去姑爷家做，做那个大土灶啊，晚上九点多才回来，那个酒喝得……姑爷家里弄的假酒给他喝，姑爷家媳妇开个小超市，卖的都是假酒，弄的假酒喝。我老公喝得当时都认识不清了，喝倒了，他平时干活能喝酒。姑爷家两个女婿搀着他回来，我看他这个酒喝得不怎么好，我喊我儿子女儿赶紧给爸洗洗脚洗洗脸。我家三个房间，我儿子女儿睡后面房间，我睡前面房间。我儿子女儿就过来给他老爸洗脚洗脸。他有160多斤，我们三个人把他弄到床上来。他到床上嘴里就喷酒，我看不怎么好，就赶紧喊儿子来，打120准备送到县城医院里去，喊他都不醒，只讲了三句话："对不起！对不起！对不起！"我就跑去喊村上开面包车的。

我女儿16岁，儿子14岁。那天晚上在面包车上，我喊村上的赤脚医生也去，怕他不好啊，喊都喊不醒他了那阵，心里害怕啊就扯着他的手。哪知道送到医院，医生给他做心电图，十点多钟吧，我哪想起来看时间，那时候已经呆掉了呀。我儿子女儿全都去了，我婆婆也去了，但公公没去，也是和他们一起喝酒喝多了。我老公的妹妹妹夫在苏州，家里买了车子，一个电话打过去几个小时就回来了。我老公在医院走廊放着都拉不回来了，人家医院也不收，但也回不来，后来找人了，弄回乡下了。

我老公死了。安徽有个习惯，人死在外面不许进村，就在村口搭了个小棚，放在小棚里。我已经呆掉了，就是傻人一个，根本什么都不知道了，40岁不到走了，这么突然！我回家整整15天，睡在床上什么都不知道，我也不知道什么时候火化，什么都不通知我，全部都是我公公办的。后来听人说，放在小棚里睡了5天，有人说酒喝醉了还能醒过来，送到火葬场那天早上我也不知道。他三姑母家的媳妇来了，我说你怎么来了，她说："我来陪陪你不好吗？"其实他们去火葬场了，就瞒着我一个人，最起码要通知我吧！

儿子女儿也知道，他们拉我起来，我确实爬不起来，因为这15天没怎么进水米，腰就这么粗（打手势），就瘦成这样。我哥哥嫂子、姐姐妹妹都来不了，我家离得这么远，5000多里路啊。我就打电话跟我哥哥说了，我哥哥嫂嫂说不来了，那时候我妈也去世了，哥哥嫂嫂都有家里的事啊！

城中村一景

摄影：苏州星星家园社会工作服务中心

远走他乡

一个多月后，我哥哥姐姐说："他家都把你这么不当人了，你还在那干什么啊，有意思吗？"我那时候42岁，我就准备回老家了。我公公婆婆怕我走了，就把我儿子女儿放在我这。我准备把儿子女儿一起带着，不至于讨饭吧。我有三个哥哥、一个姐姐、一个妹妹，随便到哪个哥哥家都有饭吃，我怕你干什么呢？我就

（把孩子）丢到我姐姐家里也行啊，我就准备走了。我小姑子第二年的正月初三，就把我女儿带到苏州了，儿子留给我。她的意思是女儿大了嫁人不要花一分钱，儿子留给我负担，就这么坏，算计我，我心里有数。

一家人都算计我一个。我女儿刚 17 岁，到了苏州，我回东北就见不到了呀！儿子在读初一，我心想儿子怎么办呢，要是回老家念书吧，我负担不了他啊，你说我一个人怎么办？我从东北过来的，水田不会弄，要打水、栽秧，我根本不会弄，后来没办法，我就带我儿子到苏州来。

我女儿被带过来了，我才到苏州来的。我记得清楚，正月初六我跟儿子过来的，就住在夏家桥。我小姑子跟妹夫来接我和儿子，那个时候一无所有，连被子都没有，就带了两套衣服，住在我小姑子家里。小姑子租了两间房，我才来站不住脚，女儿在她家住，所以我也要在她家住。我们娘仨睡一张床，她家也是三个人，夫妻俩睡里面一张床，我带她儿子还有我女儿、儿子睡在外面一间房，我儿子和她儿子睡，我带我女儿睡。我在我小姑子家里住了三个月，我小姑子和小姑爷每天都吵嘴，就是因为我们仨住在他们家。米面油都是我自己出钱。

两个人就当着我们娘仨的面吵嘴，没讲出来是因为我们在她家吃饭，但就是吵，每天晚上都吵。我上班是 900 块钱一个月，我女儿是 950，那是 2008 年。

你想你在人家吃受气饭，吃得下去不？要钱没有钱，我儿子还在木渎读书。我第二个房东的女儿和我儿子一个班，她带过去上学的。我女儿根本就没上学，只有打工，我们两个人打工养他一个人。我上的是 8 个小时班，早上八点到晚上五点。当时就 8 小时，不加班的，可能是当时经济不太好，钱也特别少，就 900 块钱。我从来都不加班的，就 8 个小时班。我小姑子家买的那个车是大货车，装货的，我下午五点下班，去给他装货，有时装到九点钟，真的，我给他干了多少活啊！有的时候不装货，我晚上回来就要做晚饭。早上烧饭、晚上烧饭，每天如此。每天如此就算了，你俩别吵嘴、别打架哦，好像都是因为我们娘仨，后来我就搬出去了，但是我也没给她钱。你把我女儿带走，已经恨死你了。我们搬到对面就不跟她来往了，你吵吧！

我本来跟我女儿讲好回东北去，因为我三哥打电话说你们讨饭回来吧。是的呀，是可以的，因为哥哥嫂子在家有个照顾，我在这边两眼一抹黑，我认得谁啊。我这个人不喜欢出去串门，我喜欢在家里，在家看看电视呀，打扫打扫卫生。在安徽一直如此，20多年人都认不全啊，好多人都认不得，因为我不出门的呀。来了苏州，我老公去世后，一直精神恍惚，头脑不知道在想什么，（也不知道）日子怎么过，这两个小孩怎么弄？

借的钱当时约定一分息，不过人家不问我要利息，只要还本金。我和我女儿挣了两年把债还清，我们一分钱都不舍得花，我们在那房租是300块钱一个月，我们俩吃喝再加我儿子上学，600块钱，我们舍不得吃舍不得喝，两年把33000还掉了。

他乡新生活

儿子初中毕业了，念书蛮好的，还拿奖学金呢，但是毕竟外地学生，教啊教的就教坏了。儿子呢又上网，又有五兄弟六兄弟。但是说呢小孩子有他的头脑啊，后来就想随他去吧，大致也不会怎么样，又不会杀人放火。后来儿子就说不想念（书）了，那时就要初中毕业了。

他那个老师也是外地人，他跟那个老师感情特好。老师不干了，他也没什么兴趣了。那个老师对我儿子特别好，每一年都给我儿子拿奖学金。老师一走，他就没心思学了。他说："妈，你要我继续念呢，我只是浪费钱。"因为那个时候要几千块钱一年啊，我记得半年交3000块。我跟我女儿两个人一分钱都舍不得花，儿子根本没挣钱，我们一直养着我儿子。我跟我女儿买房子花了 20 多万，我们还剩钱，从家里没有一根草，撑到现在。

佳仕达工资太少了，后来就换厂。第二个厂叫大艺，做计件的。我在佳仕达一个月拿 900 块钱，在大艺第一个月就拿了一千二三，开心死了，过了三四个月拿到一千五六了，所以我一直在大艺。它做吸尘器里面那个铁丝过滤网，那个网焊一个圆圈，外面包一层纸，要用东西敲的，敲敲敲，计件给钱，敲得后来大拇指失灵了，好像不行了，一点感觉没有了，没功能了。后来又找了一个厂上了五六个月的班，那时候不知道可以申请工伤。

手不行了呀，后来就换了个厂，做了六个月手好了。以前不知道，要知道的话让他们赔我生活费、医药费。就是用力太猛了，天天敲，天天敲，失灵了呀！从早上八点敲到晚上九点。一天大概敲 1000 个，三四分钱一个，一个月挣一千五六，那时候一千五六不得了了！

工作时间从早上八点到晚上九点，每天如此。每天干，因为我儿子女儿要养的呀，不挣钱怎么办呢？我跟女儿不在一个厂，她一直挣那么多，上班自己也要花钱的。在日本电波做了四五年，在精华电子做了四五年，就在这两个厂上班。日本电波后来生意不好，她就不做了，在精华电子做质检。人家做简单的，她一直做显微镜的，有点伤眼睛。我养这个女儿是我的福气，真的是我的福气，你想靠我一个人怎么行。我女儿有一点事都会打电话跟我说。

我在苏州这边老是出车祸，出了不知多少次了！

第一次，在湘江路上班，下大雨，跟一个骑自行车的撞上了。第二次，我儿子上班，带我儿子到枫桥医院体检。我反正一直都是精神恍惚，上班前必须体检的，拐弯的地方没看到，又跟人家小轿车撞，大难不死，我和儿子都被撞飞了，儿子都被磕伤了，我一点事都没有。第三次，跟小姐妹们跳舞，跟她们跳广场舞，在新区公园，前面有个大的拉货三轮车，一下把我的电瓶车撞进去了。我躺了半个小时，好像没有感觉了，不过休息后又一点事没有，没有休息照样上班，一点事没有，都第三次了。

第四次，那次在金山南路，那次真的不怪我，之前我没有多让人家。那次我走的直路，他（肇事司机）突然拐弯，我这几年精神好了，没有精神恍惚，因为儿子争气了，女儿也争气了，我心情好了呀，所以精神也好了，后来我一直跳舞。

我不想了，日子慢慢往下过。我跟你说，我虽说买的公寓房，但没有向亲戚借一分钱，全部是我跟我女儿挣的钱，存在银行。装修装好了，东西买好了，有 51 个平方。毕竟有个窝了呀。以前租房房东也欺负我。本来想买个商品房，但有个儿子，我不想负担太重，儿子要结婚我马上要拿钱，所以我跟我女儿蛮好的，等我儿子结了婚，就不烦了，因为自己年纪大了呀。

儿子现在打打零工，做做空调，这样干干，那样干干，不用我管了。

忘了你　忘了我

初出茅庐

我是江苏盐城的，高中毕业就不读了，读也读不下去。周边的人都以为我会很难受，其实我在窃喜，因为我早就想离开学校了，感觉在学校很压抑，也因此经常翘课，这回终于解脱了，如释重负！

在老家玩了一段时间，那时候也没立刻找工作，整天很懒散！一天到晚跟着社会上的闲杂人，东一头西一头地转。

小的时候，上海在我眼里，就在东方。因为我每天去上学，早上太阳那么大还那么红，我对那个地方有很多憧憬，感觉那边很神奇。人家老说上海是大上海、大城市，感觉上我就老认为它在东方，还有北京也在东方，反正大城市都在东方。

我爸以前在上海果品公司那边上班，我正好没事做，就跟他去上班，但是在他那边不自由。一天到晚，跟他在一起被管着。他本来也不经常在家，我们交流得也不是太多。

我到我爸那边，大概做了将近四五个月，后来我受不了了。两个原因，一个原因，我感觉太枯燥了，感觉很孤单。那里的人都跟我爸年龄差不多，就是有年龄相同的人我感觉也不一定能跟他们玩到一块去。以前在家里有那么多猪朋狗友，都是三五个出去，三五个回来的，一下子叫我一个人……感觉真是落了单。特别是刚踏上社会那阵子，觉得特别孤单，特别想念以前那些哥们。

另一个原因，正好，就是我有哥们在东台市（属江苏盐城）。他说在那边跟人家学理发，就说（让我）去玩玩。我想，学理发，正好也应该学个手艺，我就（跟我爸）说我要去学理发。他（朋友）给我打电话说理发店有多好玩。当时主要就是想玩，根本就没想过要挣钱，没有这种概念。不像现在，玩有什么？玩已经没意思了。一门心思挣钱，每天都在挣钱，我感觉很充实，别的都是扯淡。那个时候就没有这样的意识。

朋友说那边好玩，我就心急，心急如焚，就把他那边想象得有多好，整天就睡不着觉地想那边有多好。我跟老头子说，我要去学手艺。他不同意。我就跟他说了一点大道理，说这个书也没读好，那农村的总得有个手艺。以前在家的时候就有这种打算，他们也说过的，书读不上，你学个手艺。正好他也说过这事，其实他不愿意我去的，但他拗不过我，毕竟我不想做了，留也留不住，所以也没再坚持。

我就去了，去了发现哪有那样啊。朋友在人家那个店里当个小学徒，一天到晚感觉可怜巴巴的。在小理发店，当个小学徒，被人家指挥来指挥去的，学什么东西啊？就打杂的！洗头不让他洗，别的什么东西都不让他沾，住是住在人家宿舍里面，那个宿舍太差，我到那边反正很失望。

我待在那边玩了将近一个月吧，刚去的时候每天晚上反正一块出去玩，跟他后面是好玩，比在上海那边好玩。他在那边认识的小丫头和社会上的小伙子多，毕竟他做理发的。每天晚上就跟人家玩。第一次去了迪厅，跟他们去上网，打台球，在路上晃，看这个女的，那个女的，看见人家就评价人家，感觉也挺好玩的，玩玩钱没了。

开始没钱了，没钱了我也不好意思回来。我也不好意思向我妈或者我爸开口要钱，反正已经出来了，那找点事情干干吧。正好那边有饭店，旁边有个饭店要跑菜的，心一动就学厨师。结果人家把我安排跑菜，正好缺个跑菜的，就跑吧！我就做了，结果一做做了将近一年，但是钱不多，跑菜的好像是800块钱一个月。后来不干了，玩了一阵子，我也不知道干了什么事情。

有一阵子我还迷上了老虎机，打老虎机最带劲的一回，用1块钱赢了100多。我也不知道怎么打的，本来我是去等人的。我在游戏室门口等人，等了二十分钟不来，半小时不来，把我等急了。我看人家那边有老虎机，我一块钱换成币，就一分一分地来，反正就是消磨时间。在那边等人，一个是老板觉得你碍眼，你到我这边也不玩，你在这边干吗？再一个我也觉得很无聊，所以就花个1块钱去玩。啪啪啪，我在玩了，老板看到了，他感觉你在玩，你在送钱给他，他就不怎么去理你了，知道吧，不在意你。我为的就是他不在意我，我在玩着东西呢，你不要来看我，我在玩着东西呢！你不要赶我！玩着玩着玩着，这钱不知道为什么就多起来了，感觉到了，就两分两分地押，最后五分五分地押，越玩越大，有的时候能押十分，一押一押一押，钱不断地来。可能我走了一个好运，之前肯定有人打输了不少钱，他走了，正好我过来了，那一阵子可能就是老虎机准备往外送钱，被我瞎猫碰到了，赢了100多，我那朋友也来了，两个人出去撮了一顿！

就那一次把我给耗上了，我就有事没事地去打。不行了，一分两分押也没用，也死了。后来就老打老打，摸到点什么了，反正每天到那边能赢个二三十块钱，有的时候能赢个40块钱。我那时候不贪，赢40块钱左右估计够这一天混，就行了。我每天老在那边赢钱，老板娘有点注意我了，我到那边一打她就往我后面站。我心态就不好了，虽然我没出老千，没偷奸耍滑的，总感觉有个人在盯着我、监督我，我就耍不开了。心态一不好就开始输输输，后来也撑不下去了。

过年回家了，回家是两手空空，路费还是跟朋友借的呢！新衣服都没有，还是穿着去年那衣服回家的。看着人家大把大把地用钱，自己穷酸样，郁闷了，哈哈！

春节过后，人家到时间全出去了，全去打工了，我也不知道去哪边，就赖在家里。赖在家里，我妈看着不大高兴了。你长时间不回家，她想，嫌你不给家里打电话。你长时间待在家，她觉得你又烦，虽然嘴上没有直接把你撵出去，反正就没有刚回来那么亲了，就臭掉了，我感觉我臭掉了。没事情做，我就一天到晚吃过就玩，玩过就东一下西一下的。大部分人都走了，就我一个人在家里无所事事的，她好像也着急。我感觉她对我那个态度也就是爱理不理的，我感觉在家里也待不下去了，家不能再待了，自己心里有数了，就跟她商量，说朋友在哪边哪边，说给我点路费吧。我妈就拿个300多块钱，那个时候不算多也不算少，四五十就能到苏州了，投靠我一个朋友。

误进"江湖"

朋友在观前街（苏州）一个宾馆里面上班，是厨师，我们那边学厨师的人还挺多的。他让我跟他做学徒，没事情做，那没办法，就正儿八经学厨师了。那个时候叫打荷，跟在大师傅后面拿盘子。大师傅把菜烧好了，你拿个盘子。起初当然是磕磕绊绊的，不懂啊，不懂就老问，老问人家也嫌烦，嫌烦我也没招，那只好问了，嫌烦我也要问，没办法。

后来跟一个厨师干了一架，饭店把我开除了。开除了，没事了，终于又变成游手好闲的人，终于又不知道干什么了。

不知道怎么又联系上我舅舅。我舅舅是个不学好的人，真的，也是个小混子吧，就在苏州的××庄那一带，在那边开小赌场。我是在一次家庭聚会的时候碰到他的。我一直都不知道他干这个，在我印象中我舅舅就是顶外公的那个班，上海机床厂。我外公退休了，他就到里面接着干，要是干到现在也是正式工了。

我一直认为他是做正当事情的人，但那次谈话之后才知道，他在外面放水，就是放高利贷，开个小场子。

他也知道这个是害人的东西，没让我跟他后面。我说我没事情做了，你找点事情给我做吧。他说暂时也没适合我做的事情，暂时就先在这边玩吧，先玩几天。

我就在那边玩，每天晚上回来他发给我50块钱，我拿得莫名其妙的，我什么事情都没做，为什么要给我50块钱。他说给我生活费。我想舅舅给外甥生活费，给就给吧，反正我也没工作，没钱，就先拿着吧。

一天到晚我就跟（着）他小弟，东一头西一头的。他们有的时候会出去办事，我就一个人玩。

他也不管我钱花在哪里了，以为我每天都花掉了。他们花销都挺大的，每天基本上都住宾馆，吃都是小饭店。那个钱来得都不干净，我知道。那个时候没这种概念，没这种想法，良心什么东西的，都是人成熟了以后才知道，什么事情该做，什么事情不该做，什么钱该拿，什么钱不该拿，才有这种尺度。

他们有的时候也出去打架，把人打得很可怜，我下不了手。有时候他们也会被人打，有的时候会为这个场子上的事，他要开，别人也要开，就争啊，动不动就打架，争地盘，抢地位。打得差不多了就和解，两个场并一个场，一块挣（钱）。

我没去打过。这种事情，打架的事，他不带我的。他不希望我入他这一行。他一直就好像是一个长辈在溺爱晚辈一样，这段时间你也没事情做，那我是你的舅舅，得照顾一下你的生活，但是我这一行你是坚决不能进来的。

他做什么事情都是瞒着我的，但我出于好奇，就想看看他一天到晚到底在做什么，老想跟他去。他偶尔也会带我，去个一两次，但都是很平常的那些事，就是找一些人，赌钱的人来聚聚，吃吃喝喝的。

我第一次去KTV就是跟他们去的，把我吓死了，谁去过KTV

啊，KTV 是什么东西。第一次去 KTV，全是小痞子、二流子。KTV 的老板也客客气气的，弄个包厢，老板先进来给他们发香烟。KTV 不是太大，大的人家老板根本不鸟你这些人的，都是小KTV。先每人发香烟，发过之后，酒水就上来了，弄点小姐站一排，把我一下子……真的吓住了……我真的从来就没感觉女人是可以那样挑的。跟商品一模一样，往你面前一站，就让你挑，真是见识过了！我心里特别紧张，不知道为什么，我紧张，心扑通扑通地跳。因为第一次，我印象很深刻。

那个小姐不是说就是陪你唱歌的，对吧？你跟她玩得开心了，互相都满意了，你也可以带出去开房的，可能要另外讲价钱。这是我后来知道的。小姐往前面一站，挑，每个人挑一个。我舅舅没说要给我挑，他的那些小弟兄就起哄："给蚊子弄一个，给蚊子叫一个！"

我那个时候哪好意思啊，不好意思，不好意思的，他们都有一个，我没要。我想是去唱歌，起初开心得不得了，最后是煎熬下来的。歌也不好意思唱了。那么多女人在那边，而且那个行为举止都很不雅，都没见识过，我整个人就拘束了。他们都放得开，肯定玩得都好。我老老实实地坐在那边，也没人搭理。我就老老实实地坐在那儿，酒也不喝，弄点饮料喝喝，就看他们"作恶"。

好不容易几个小时熬过去了，出来了，终于释（解）放了。按道理我当时就想走了，但是走了又去哪里呢？算了，就在这边跟他们玩玩吧，就那一次，我舅舅就唯独带我去过一次，但是他们自己去的次数肯定很多。

还有一次去要钱，那一次好像人手不够了，他的一个小弟兄带着我。听说是那个人欠他们钱，要回来了。就在他家门口不远处，坐在车里面看着他，看见回来就立即打电话给他们，叫他们过来捉人，就干这事，放了一阵哨。我一共就做过两天，别的都没跟他们出去。

这种日子过了起码有一年。

这段时间天天玩。他们没事情的时候就跟他们去玩，打台球打得最多，他们也都喜欢打台球。时间好像全被打掉了，上午打，下午打。老跟他们打，水平还行。上午，早上睡到八九点，有的时候十点钟还起不来，早饭基本上不吃，直接吃中饭。午饭吃过了，休息一会儿，再去打台球，打到两三点，两个小时。有的时候再去逛逛，四五点钟了，就吃晚饭、喝酒，乱七八糟的，每天就是这种生活状态，每天都是。

舅舅看我这样也不行的，他底下的年龄差不多大的人就说了，我这一天到晚下去也不行，要废掉的。人家就这么说了。我看人家说这话我都来气，心想你才废掉了。

舅舅就托朋友给我在厂里面找了一个活，才半天我就不做了。

后来被我妈知道了，我妈打电话把我舅舅说得不轻，说："你怎么能这样呢？他是你外甥，你怎么能带着他去瞎混呢？"其实也没带我混，他们在老家也不知道什么情况。我舅舅被她说得很委屈："你儿子在我这边，一年没上班，我照顾了他一年，你还这样说我。"他觉得他委屈。

我妈觉得这样是害我，但我舅舅他们没这种概念。我妈又给我打电话。我舅舅就直接跟我讲了，"这边容不下你了，你不能再待在这里了"。然后我就到了沈巷。

那一段情

沈巷这边我有个朋友，开一个理发店，就是以前在东台的那个家伙。他学了一阵子，学了好像两三年吧，手艺也学差不多了，出来了，就在沈巷。我没事情做，也没说到沈巷来干吗，反正知道他在这边开理发店就过来玩了。

到他理发店玩，刚好是十月一号。他店里忙，人手不够，我就滥竽充数，给人洗头。反正别人也不知道你做什么东西的，别

苏州城中村的出租房（房间里大多有一床一桌，有
的还有小衣柜，面积多在4—10平方米）
摄影：苏州星星家园社会工作服务中心

的不会，做头发不会，洗头总会吧，没想到我洗头也不会。在那里我第一次见到了小鱼。

我看生意那么好，他也没时间招呼我，我就在那边玩。我那朋友就说："我今天太忙了，你帮我打打下手吧。"我说我能做什么呢？什么都不会，什么都不懂，最多能帮你扫个地什么的，地下全都是头发，乱七八糟的。他说："你去帮我洗头吧，帮我洗头、吹头。"

叫我给女孩子洗头，我怎么洗，我也不会，是吧？我没练过，没经验，从来也没给女孩子洗过头。他说没事的，你就随便意思一下就行了，反正那么忙，忙到那种程度就不讲究质量了，就是（讲究）速度。

我就洗了，（洗头的人）恰巧就是后来我认识的那个女朋友。我给她洗头的时候，放不开，稍微有点小紧张，也不是说紧张得不得了，就是有点紧张，因为从没干过这个事，一个小丫头，我给她洗头，放不开的。感觉这样也不对，那样也不对，不知道该怎么去洗这个头，反正就硬着头皮上，自己怎么想就怎么来了。拿喷头给她喷的时候，感觉这样喷比较合适，女孩子的头发往下，后来一转身，这个动作很笨拙，那个水龙头就把她脖子边上的衣服领子全淋湿了。就这么三下两下，反正就这么着了，随便擦一下，意思一下，这个头就算洗了。

洗过了还要吹，我实在不会吹，还叫那个朋友吹。他正在忙，给人家打头，烫什么小卷。他说你就吹吧，给她吹干就行了，随便给她吹干。我就来吹，吹风机一打开，先是冷风，还不知道怎么调呢。还问我的朋友，他说你把那开关再往上弄一下，热风来了，对着那头吹。我还假装正经的，因为看我朋友吹过了，好像把头发拿着，弄弄，就是摸两下，弄出那么一点姿势来。那个女孩子的头发，一开始刚刚湿的时候吹还好，还不往两边乱喷、乱散，因为湿了有重量。刚开始我感觉还蛮顺溜的，吹到最后就不行了，头发要干的时候就不行了。吹得跟爆炸头一样。一会儿往这边吹，这个头发就全部往那边，一会儿往那边吹，就全部往这边。我的朋友给人家吹的时候很顺溜的，到底人家有经验，那个头发吹得很顺溜。我给她吹来吹去的，一会儿吹到前面去，一会儿吹到后面，吹左面，吹右边，反正吹得很不顺，头发整个就乱起来了。

她被我也吹得很难受了，有点生气："不吹了！不吹了！我不吹了，老板！我不吹了，不吹了！你给我来吹吧！"

我被她弄得尴尬，很尴尬，不要我吹了，我就站在她后面，杵在那里。不吹了就不吹了吧，我把吹风机往那边一放。我的朋友很不好意思地来打招呼："那你稍微等一下，我手里有活呢！不可能马上跟你吹，我这边这个活就放下了。你稍微等一下！"

她那个样子很不高兴，很生气的样子，就坐在那边一言不发，望那个镜子里面的自己。我也站在边上稍微瞄了她一眼。后来没办法，我那个朋友把手上的活先放了一下，跟人家打个招呼，给她吹了，吹顺溜了。头发顺溜了，她那个领子还是湿的，太难受，不舒服。那时候也像现在这么冷了，冬天了。

后来不知怎么要付钱的时候她突然冒出来一句我们家乡的

话。我对她说："你也是我们那边的？"我就用家乡话跟她说了，她说是的。就跟她寒暄几句，问是哪里的，越说越近。聊两句，距离就缩短了。我们谈了一些无聊的问题，具体谈了什么我也不知道了。正好她那时还玩QQ。那时候大概2010年，还没微信，玩QQ。我朋友店里有一台电脑，我也在那上网玩，点一个歌听。她说QQ给她登一下，就给她登了。我要了个小聪明，我把她那个密码弄保存。我以为她没发现，她竟然发现了。我感觉是老乡嘛，反正我到这边也没什么朋友，准备跟她套套近乎，也没多想什么，就想跟她交个正常的朋友。我要了一个小心眼，你要是对哪个女的有点兴趣你是不是得对她有个大致的了解？但是我那个行为有点可耻了。她发现了。我以为她没发现，就拿个鼠标在那边一点，那个小设置随便点一下。登录时我说你输吧，后来她输了密码。在要结束的时候，她说你点了自动登录。她还笑了，我也笑了，就是相互心照不宣，都知道这个意思。我也知道了她的小名叫小鱼。

有点微妙，意思就是说你看你做了一个小动作，私下里做了一个小动作被我发现了。我也不好意思，也笑了。我说那既然是老乡，留个号码相互聊一聊，她就给我留了一个号码。

一开始我还刻意说过几天再聊的，先冷一冷，是吧？如果太急了，太仓促，就好像显得自己很掉价一样。我一直等了三天之后，有一天晚上给她打了一个电话。她正好跟她同学在一起，差不多晚上八九点钟。跟她聊了一会儿，就是聊聊乱七八糟的，头上一句，脚上一句的，也没正儿八经有个话题，就是想凑时间，能跟她说个十分钟、二十分钟，哪怕三十分钟都好。左一句，右一句，把这个话凑起来，把时间熬出来，不能跟她聊个三五分钟就结束，那太没劲了，我感觉也没劲，女孩子可能觉得你也没劲。

第一次聊得挺好的，大概二三十分钟吧，后来不聊了。我就偶尔会给她发发信息，她有的时候回，有的时候也不回，不回我估计她是忙，后来她也给我回了。她在电子厂上班。就这么聊着，后来就约她出来玩了。

第一次约会，和小鱼去逛了竹园路的华润万家。两个人叫了一个摩托车，5块钱，到华润万家逛了一圈。回来时没坐车。我说我们坐车回去吗？小鱼看看我说："那要不我们走吧！"我们一直从华润万家走回来，走一路吹一路，就吹牛。到沈巷的时候感觉还有点意犹未尽，还再干点什么呢？又到了"小胡子"，"小胡子"是沈巷唯一的KTV，20块钱一小时。我开了两个小时，就跟她两个人在那边瞎吼一阵子，大概一个多小时，瞎吼一阵子就把她送回家了。

过了一段时间我们就成男女朋友了，小鱼眼睛特别大而且特别清澈，很白净，前面有个小刘海，说话很温和，挺可爱的，我感觉正常人都会喜欢她吧。到沈巷也没工作，就天天玩，像个二流子一样，也没工作，每天就在沈巷这边荡，那个时候我跟她已经在一起了。

我们从认识到在一起三个多月，当然这个在一起都是我要求的，这个……男人嘛！她正常去上班，我每次去她宿舍，都跟做贼一样！沈巷这边的房东不让租户随便带人住，带的话要多花钱。你一个人住这边就一个人住这边，那个房东一天到晚跟抓贼一样。我去时不知道，起初去个一两天的时候房东也没碰到我。

第三天，不巧遇到房东，他问："你是干吗的？"

我说："我住在上面。"

他说："你住在上面？我从来也没发现过你，你怎么住在上面了？"

为这个事情还跟他吵了几句。晚上小鱼回来，她跟我说这个房东是不让把外人带进来的，也没多说什么。我就多了个心眼，白天她上班，我就出去玩。那时候也很颓废，是个颓废期，台球室去得最多，偶尔也会跟他们去打一场麻将，跟我那些狐朋狗友，还有理发店的。还有就是去网吧。三点一线，每天就这么循环。

打台球后，没事干就到我朋友理发店玩一会儿，要么就是上网，每天都是这样子。那时候我也不知道为什么不想去找工作，这种状态持续了好几个月，我估计得有四个月到半年。

我当时身上还剩点钱，零用钱，住在她家。渐渐地就习惯这边了，相城那边也不想去了，也习惯了这种生活。但是你老这么玩肯定会山穷水尽的，肯定会生存不下去的。有时候她也知道我没钱了，会拿给我一点。如果是现在我肯定不会用她的钱，但那个时候没想那么多，脸皮厚，感觉给了就给了吧。日后我有钱了随便她花。

每天就过这种日子，你不要以为我很喜欢这种日子。我是很无奈地过这种日子，起初玩玩还可以，再玩就玩得很累了，很空虚。但是我也不知道自己该干吗。

小鱼白天上班，晚上回来，偶尔也会问我，每天这么玩累不累，用开玩笑的方式。我刚刚开始玩，玩在兴头上，还没有完全烦这种生活呢。我傻傻地说不累，挺好的，每天到我朋友那边玩玩。她也没说什么，笑笑。第二天我想想，突然不知道怎么就想到这个事情了，也不是刻意地去想，就是突然没事无聊的时候，心想她昨晚怎么那样问我。我心里有数了，她可能嫌我无所事事，感觉也不好。她虽然没说出来，可能是不想打击我，给我面子。我就在想，每天这样玩是不是也有点不妥当，这种日子是不是应该结束了。虽然我有这种想法，但是从心里还没有完全想把这种生活结束，太习惯了，太依赖。这就是人的惰性吧。

我们都没钱，旅游是没有的。我们主要就是在苏州市逛逛，偶尔会到观前街走一走，还有会到木渎古镇、灵岩山。灵岩山爬得最多了，没钱，那边人多，人死多，但不花钱，所以那边去得最多。当没事休息时，灵岩山或者木渎古镇逛一逛，基本上老是这两个循环。观前街还是偶尔去，那边人多，听说那边好玩，就去玩一下，而且去也不买东西，偶尔会买买打折的东西。当然，是她买，也顺便给我带一件，我没钱（笑）。基本上就这样，最多的消遣就是爬灵岩山，爬上去，爬下来，有的时候一天能爬两遍。上午去爬，之后玩，下午又不知道去哪边。当时对苏州也不熟，到苏州时间也不是太长，就知道那边有个灵岩山，感觉还不错，还爬过那个天平山呢，那个时候挺贵呢！

天平山门票25块钱，两个人50块钱，我感觉天平山跟灵岩山差不多。如果把钱省下来，两个人50块钱弄个饭吃吃，能吃好几个菜呢。就爬了一次天平山，感觉挺没劲的，还不如去爬灵岩山。爬灵岩山的全是像我们这种类型的，小厂哥、小厂妹的。一开始不知道从后山爬，我们从正门进，人家要（门票）钱。那时候还要钱呢！后来听人家说，从后山进不要钱，偷偷从后山去，就好像捡到一个大便宜一样。

我们偶尔也会做饭。我也不是说一天到晚光去玩，偶尔还整两个菜，做个饭。也很简单，一个电饭煲，一个电磁炉，小鱼以前也很少烧菜做饭。我烧菜还行，她很喜欢吃我烧的菜。她回来跟我讲的最让我开心的一件事，最让我觉得欣慰的事，就是她说："每次在厂里特别累，为什么回到家里一见到你就不累了？什么委屈都没有了？"听她这么说我也没说什么，但心里是美滋滋的。你看，有点小成就感，当时就感觉心里暖暖的，真的！

她一般早上八九点去，有的时候是晚上五点钟回来，有的时候会在八点半左右到家。小鱼一个月工资才2000左右，反正没拿过3000块钱，工资挺低的，支撑着两个人的生活。现在想想真的挺不容易的，真的对不起她。但那时不成熟，没想这么多，感觉什么都很平常一样。

"刻骨"的工厂

再后来，我也真的不想再玩了，太他妈闷了！每天过这种日子，就跟那个单曲循环一样，太闷了！台球也不想打了，网也不

苏州城中村里的出租招牌
摄影：苏州星星家园社会工作服务中心

想上了，我也不想到朋友那边去了。他一天到晚老在忙，也没工
夫搭理我。我感觉每天玩比工作还累，那我还玩什么呢？我就想
上班了。

　　她有一天晚上回来，我就跟她说我想去上班了，理由就是：
"你一天到晚上班也累，你看，你一个人拿那么点工资还要养两
个人，我要去挣钱，我要养你。"这个话说得冠冕堂皇，实际上

是我想立刻结束这种生活，不再玩了，再玩我感觉人就废了。她说好，可以。我说找工作要中介费，要400块钱，那是2010年。

她说400块钱就400块钱。她当天晚上就去给我取了400块钱，第二天我就去面试了。

我进了达方电子厂，里面少男少女多，唯一让我不习惯的就是到里面要穿个工作服，还要穿个拖鞋，我说哪家上班穿拖鞋啊。一天到晚穿个拖鞋，不习惯。刚开始以为上夜班好，白天可以在家里玩点东西啥的，开心得不得了，上夜班就上夜班。

电子厂跟外面完全是两个世界。里面是一种社会，外面又是一种社会。我到里面去很压抑，管理上可能是有点半军事化：上个厕所按时间，吃饭按时间，什么都是有时间规定，具体多长时间我也忘了，反正挺短的。

特别让我不能理解的就是人与人之间的沟通。你在外面直接沟通，很好沟通的，一切都（按）正常来，你尊重我，我尊重你。到那里面不是这么回事，每个人之间好像都是格格不入的，就像有着深仇大恨一样。就比如，你跟我是同事，我们在一条线上，你挨着我，我要是问你个什么，你是很不耐烦的。没有那种人与人之间的情感在里面，很机械化。我感觉这里面人怎么都有点不大正常。我又没招惹你们，什么事都很虚心地在跟你讨教，跟你交流，倒好像我欠你们多少钱，很不受待见！人家都不"鸟"你，不管你是什么角色，就不"鸟"你，很神经质的感觉。

我在流水线上抠键盘，抠来抠去的，起先不会抠，速度也跟不上。到里面没什么培训，岗位上面缺人，就简单地教你一下，现学现教。上去做，来一个按一个，来一个按一个、来一个按一个，最后你的速度跟不上，人家老手按一个摞给你，最后你跟他配合不了，堆成山头。一堆成那样我心里就着急，怎么处理这一堆？线长过来了，她起初没说，反正没给好脸色看，然后把这堆东西再重新来一遍。一会儿还好，时间一长又堆成这样，她就开始骂了，也不跟你好好说。一个小女生，年龄还没有我大，到我这边就跟大人教训自己的孩子一样，指着你想说什么说什么，从来不考虑你的感受。她一般大声吼："你怎么弄的！怎么会这样！谁教你这样弄的，笨得要死，能不能干？不能干，滚！"就直接这样了，一点面子都不给的。

从来不顾及你是新手，也不考虑你年龄比她大，不考虑你的自尊什么的，就直言不讳。她不仅仅对我，对所有人都这样。按道理对所有人都这样我心里是平衡的，应该是平衡的，但是我感觉不对劲，怎么能这样呢？人与人之间一点相互的沟通，一点尊重都没有了。你最起码跟我好好说，不要说叫我滚。什么事情你跟我可不可以说得委婉一点，（可以说）"工作适应不了，你可以去调换一下，或者你自己更努力一点，或者要平时多请教、多问，或者你感觉这工作不适合你，你就重新去换一个"。对吧？我感觉这样会更妥当一点。她直接上来劈头盖脸的，你能干就干，不能干就滚蛋！就那么直截了当的，当时就气。我想骂她两句，想想还是算了吧，不骂了，毕竟是去上班的，就忍掉了。

一次、两次忍掉了，三次、四次我就忍不掉了。她再骂的时候，我就发火了。我也直接骂她，骂得很难听，把那个小女孩最后骂哭了，真骂哭了。旁边线上一个领导过来调解，说不要什么的，咱们就好好上班。最后也没怎么着。我想，这次我把她弄成这样子，弄得挺难堪的，心里还在乐呵呢：这次给你一个下马威了，看你下次还怎么样。我感觉能镇住她一点了。那时候还没想到要把我开除什么的，线上的确缺人，我还在那个线上干，也没给我记大过和处分。不过那女孩没想到还那样，我犯错误她依然还是这态度，没变！我都被她弄得没脾气了。哎呀！没办法，我火发成那样都没镇住她，我再发火也没用了，都显得我好像没品一样，没风度，就没跟她再废话。

我在那个厂一共就上了十天班，去了就是想上班时间赶快结束。在那个线上一天到晚坐在那边，以前在外面一天到晚玩的人，往那个线上一坐，就想赶快下班。从上班开始，就想着时间过快一点，赶快下班，从来没考虑过这个之外的任何问题。因为以前做的工作跟这个是不一样的，流水线工作就是太单调了。

后来犯了一个错误，把锡纸全贴错了。错了将近一百来个，一百来个全得返工，犯了这种错误，要么被开除，要么就被罚款。我想罚款也罚不了我什么，我也没做几天，没钱；开除那也没办法，只好让他开除，毕竟自己心里虚，犯错误了。我亲眼看到了小女孩很着急，说："怎么办？怎么办？怎么办？"把她急哭了，我心里也忐忑。她平常哭，被我骂哭了我很解气，但是那一刻她被急哭了，是因为我犯错误急哭了，我心里头不落忍。我就说，不行就开除我吧。又找了那个领导，领导来看看怎么弄呢？如果是老手说不定就要罚款了，我刚去的，可能可以谅解，我估计是这样的，最后也不了了之。可能还有一方面因素就是领导也不想担责，这个错了可能他们还有连带责任，就悄悄搞定吧。

在那里早上回家，很累，夜班上过来困得不行，太困了。第一个夜班还好，第二个夜班的时候我就开始困了，早上的时候迷迷糊糊的，上了厂车（苏州很多企业，员工上班的地方离住宿地很远，需要公司用大巴接送上下班）就是睡觉。车从达方到沈巷这边开最多十五分钟。我上了车就开始睡，一直睡到沈巷，还不醒。第一次记得是驾驶员把我叫醒的，说"小伙子，到了"。就这么叫我一下，把我弄醒了。我感觉这十五分钟太享受了。之后还是一样困，三天，四天，五天还是这样，每一次都是上了车就睡觉，到站醒不了。有时候是驾驶员把我喊醒的："小伙子，你怎么每天都困成这样，每天都让人叫！"

那个司机是我们一个老乡，坐车的那几天才知道他是老乡。他说了一句家里（乡）话，我就跟他混熟了。他也没有不耐烦，有时候被他叫醒，有时候被我旁边的跟我一起回来的同一个厂的弄醒，每次都这样。那十五分钟，每次在车上睡的十五分钟是我在达方上班期间最享受的十五分钟。

我现在才知道，在那里上班的，不会上的人会上死，会上的人快活得一塌糊涂，就是混"油"掉的人。上夜班就找地方睡觉，也偷懒的，一夜你这样马不停蹄，受不了的，身体上受不了。几年下来，有经验的人，有时候也会偷偷地睡觉，有时候那些人还喜欢上夜班，这是我后来了解到的。起初去的时候一个是不敢，再一个也没这种想法，这种意识。我感觉上班就上班，哪有说睡觉的，睡觉你又到哪里去睡呢。我也不知道到哪里去睡觉。这个环境我也不熟悉，哪里是该睡，哪里不该睡的，也不懂，不知道。上班睡觉是不好的，上班你就上班，睡觉就是懈怠工作了。

上了四五天的时候（我的）胃开始痛了。本来胃是挺好的，上那么几天就不行了。我感觉一个是跟作息时间有关，再一个是跟伙食有关。每天排那个队，刷那个卡，吃那个饭，真的就跟打仗一样，很仓促。吃个饭、打个饭都很仓促，吃个饭都有一帮保安站在那边，跟那个劳改犯一样，真像个劳改犯。穿同样的衣服，旁边站着保安维持秩序，感觉就不好，心理上很压抑，吃个饭也很压抑。把饭往那边一摆就吃，哪像平常在家里吃饭，或者在店里吃饭，没有那种放松的心态。

胃坏了，不舒服，我就用那个笔抵在胃部和产线上，抵在那边稍微舒服一点了，缓解一下，连续几天。我感觉人活到这份上，一个是没了自由，再一个在那种环境里面人与人之间都沟通不了，格格不入的，什么朋友、同事，跟外面完全是两个世界，没感情，人与人之间就没感情。还有，身体上也很累。或者是上班下班的时候，我看到领导们在玩（达方厂里面有一个大操场，大草坪，里面有篮球场、足球场，每次上下班的时候从来没看到一个普通员工在那边玩）。进去的时候我就想，有一个大操场，还有个锻炼的地方，挺好的，我感觉这公司挺好的，还蛮人性的。结果几天下来我没有看到一个普通员工去玩，看到的只有年龄在三四十岁的人。那些人戴眼镜，在里边打橄榄球，橄榄球弄来弄去的，每次都是他们那几个人在那边玩，我估计他们应该是领导。我心里头在想，我们上班上得累死累活的，真的，为了什么。你看看他们，他们在那边多放松。我说来说去就是一个重点：在厂里面很压抑，真的很压抑！我现在能理解那些跳楼的人（指富士康工人）为什么跳楼，就是因为生活太枯燥了，身体累，再加上生活枯燥、压抑、受约束、没自由。你再想想那些领导多自由，没事还打打橄榄球，完全跟你两类人，一条路隔成两类人。你在这条路突突地下班回家，或者上班，你就在这一条路上走，你都踏进不了那个草坪。草坪就不是为你设置的，是为那些领导设置的。领导们没事上班弄点茶喝喝，闲下来还可以玩这些东西。我们没有。要么你来上班，进去干活，要么你下班滚蛋，回家，这个厂好像没什么提供给你的。

做到第十天的时候我发烧了，不知道是什么原因发烧，我估计这个班上不下来。达方里面也有小门诊，我到那边开了点药，量了一个温度，的确高一点。我就找班长，跟他说发烧了，要请一两天假。他叫我去开个病假条，我就开了病假条。我就有一种预感，可能撑不下来。我知道如果突然不上了，工资就没有了。我就拿了厂牌，到小门诊刷了很多药，别的东西你也刷不了，只能刷药。我不知道为啥，那张卡只能刷药，刷的也不是什么好药，看保质期，好像也好长时间了，快要过期了。但刷的时候没看，赶快刷吧，不刷马上也没了，就刷了好多药。

回来休息时，我给了自己时间，两三天，好了我再去熬，那个时候就是熬。400多块钱中介费已经交了，至少把这个钱给挣回来，不然太可惜了。花的是女朋友的钱，她挣钱也不容易，我就想把本钱收回来就不上了。没想到三天都没好，我还是昏昏沉沉的。我实在撑不住了，算了吧，就没去，就这么不了了之。

工厂还发了一张银行卡。当时我想它不会给我工资了，一个月都没上得下来，怎么可能有工资呢。后来我把那张卡拿到银行柜员机里面去看，给我发了150块钱，心里面还稍微有点慰藉。去达方工作就上了十来天班，也用了不少钱，中介费就400块钱，还要体检，还要来回让中介把你带过去。他用车把我带过去，还要收钱。还有许多天的开销，乱七八糟的，十天班挣人家150块钱，花了好像七八百，反正亏本了，不合算。

反正又失业了。最开始在达方上班是一种解脱，终于有事情做了；后来不在达方上班也是一种解脱，整个人神清气爽。但现在让我进去，说不定就是另外一种感受：对人、对事可能不会像之前那么格格不入、带毛带刺。

现在平和一点，身上的毛刺都被人家磨平了，没办法了，磨得没脾气了。

主人公和曾经的女朋友所住的出租房的墙壁

摄影：蚊子

忘了你，忘了我

我又玩了好长时间，玩了几个月。这几个月我不是一点活都没干，联系了朋友，朋友正好在工地上做弱电工程。他做弱电，我就找他做弱电了，装摄像头，做门禁。我对这个东西还挺感兴趣的，只是活也不是老有，有时候会有，有时候没有。

我对弱电有兴趣，上手就快，学得快，工地上相对来说没那么封闭，人与人之间也沟通得了。什么事情我们都好协商，商量着来，不会像工厂一样指手画脚的，像地主跟佃户一样，在厂里面就是那种感觉。干弱电我干得挺带劲的，感觉稍微带一点小技术，有一点成就感，虽然活不怎么及时（多）。

这个工作一个月当中可能上个十来天，工钱结得不及时，要到年底才结。但我喜欢干这个事情，一个自己感觉干着顺手，而且对它稍微有点小兴趣，还可以指导别人干，就感觉还挺好的。只是平时你得跟他要钱，他不会主动给你，还不多，几百块钱。拿到钱开心了，回来就跟小鱼说我挣钱了，挣了几百块钱。就带她出去打牙祭，星期日她正好休息。带她出去，我们就在沈巷的小饭店点两个菜，那时也不贵，两个人50块钱吃得很好了，四五个菜一个汤，挺开心的，她真的挺开心的。

每个月我拿到钱还挺省的，不敢乱用。拿到钱就是每星期先带她去吃饭，偶尔也会买几个菜在家里烧烧。休息天陪她逛逛街，买点小零食，她心里挺开心的，我能感受得到。那时候的我们真的很简单！

谈了将近一年，准备要跟家里说了，小鱼跟她妈说了我们的事。她妈在老家一听吓死了，以为我们要私奔就叫她回去。她想给她妈做思想工作。我还留了一个心眼，我说："万一你回去，你妈不让你出来怎么办？"

她说："不会的，怎么可能呢？她们怎么能拴得住我。"

我把我的号码写了一张小纸条，跟她说："你藏好了，万一有什么事情你给我打电话。"

她就回家了，果然不错，家里把她手机收了，真的就不让她出来了。她不知道从哪里的公用电话给我回了电话，说她在家里什么东西都被收掉了，钱也没有了，手机都没有了，不允许再到苏州来了。

当时我听了很难受，我说："要不你先在家待一段时间……"

给她做了很多思想工作，大多数都是在安慰她，不是说要她怎么样。她说那就暂时先在家里做做父母亲的工作，后来时不时地给我打电话，说让我在苏州等她。你不知道那种感受，有时候给我打电话过来哭哭啼啼的，心里真难受，真的！听到自己女朋友打电话哭哭啼啼的，帮不上忙，又不知道怎么去安慰她，干着急，心里特别难受。她哭我也跟着一起哭。安抚她，我说你不要着急，先在家里待一段时间，跟你妈好好说，不要跟他们吵，该讲的道理跟他们讲。你妈连我的面都没见过，怎么就能一下子把我否定呢？

好像是她妈妈不怎么喜欢我们那边的人，其实哪个地方都有好人有坏人。她连我的面都没见过，就把我给否定了。她没见到我的人。如果见到，说我长得丑，难看，那也就罢了；她也没到我家去看过就坚决不让我们相处，我感觉她太武断了，一棍子就把人打死了！

可能她妈在家里太强势。小鱼一直很乖巧的，她不想伤害我，又不想伤害她妈，我觉得她挺难的。

渐渐电话少了，我不知道是什么原因，是号码弄丢了，还是小鱼不想谈了。

我想小鱼是不想谈了吧。渐渐地就淡了，但还一直挂念她，

将近一年多的时间，不知道怎么又联系上我了。她在 QQ 里给我发信息了，问我这一年过得怎么样，说她这一年在家不好受，她妈不想让她出来了……反正就是说说过往。我也不知道怎么回答了，就随便说一些不着边的话。

我也不知道怎么形容那种感觉，起初都是说一些客套话，说到最后，两个人好像都哭了，就互相责怪。我怪她就这么莫名其妙地就不知道哪里去了，她怪我没去找她，说现在这种情况，你也不主动联系我；我说我怎么主动联系你，我不知道怎么去联系你……开始像陌生人一样，说着说着，就亲近了。

再后来我刻意地与她保持距离。有一天，我跟她说我们结束

吧，不想耽误你，也不想耽误自己。其实这些话都是违心的，说了这些话我很难受。

虽然事情过去了那么多年，到现在我还是非常非常非常喜欢她，而且很感激她。在我最迷茫的时候，她陪我度过。她的工资也不高，还应付着两个人的生活。

跟她在一起很放松。我们什么事情都不刻意，很自然，很舒服。她跟我在一起也很舒服，什么事情我们都像家里人一样，很随意。

我这个人有一个弱点，不要看我平常嘻嘻哈哈的，但我不容易走得出来。我其实很矛盾，把她的任何联系方式都删了，不敢跟她说话，不敢联系她，想跟她断绝一切往来，但是心里却是完完整整地装着她，放不下。

我一直觉得我是一个感情没那么丰富的人，特别是在这方面，不知道为什么。以前老说人家，你看你大老爷们失个恋，把你搞成这样子了，把人家说得一无是处。没想到，这个事轮到自己头上却更要命，比人家还伤心。

以前她说过让我在这里等她，几年来一直没敢搬家，就期待着某一天回家的时候，她会突然出现在我眼前。我知道我们已经回不去了，现在更多的是祝福她！

第 三 编

一切为了孩子

辛辛苦苦挣钱为了孩子

我 18 岁就从学校出来打工，也有近 20 年了吧。在广州那边的电子厂做线路板，做了有两三年。那时候在家我没上学，初中考高中的时候没有考上，然后就不想上了。老家好多人出去（来）打工，我就跟着出去（来）了。最开始在老家城里干，工资待遇不好。到外面就感觉比较好一点，在广州那里一待 3 年。

那时候在广州不想回来，可是爸爸妈妈为我担心。我结婚的时候都 23 岁了，在我们老家那边算年龄比较大的了。父母也挺担心，为我个人的事挺操心的，然后就回来了。

结婚后，我们直到生我儿子的时候才回过娘家。我女儿 1 岁多点，我来到苏州这边。结婚后一直在苏州这边打工。后来生我儿子的时候又回家，带我儿子在家待了 1 年多，后来就一直在苏州这边了。

我女儿 1 岁零 2 个月的时候就放在家里让奶奶带，我开始出来打工，放假什么的时候也回家，也带她出来玩过。其他时候，她就一直放在奶奶家里。我后来每次回去，就感觉小孩子教育是一个问题。让她奶奶带算是隔代教育吧，后来我们条件好一点了就把她接过来了。

女儿是在她上五年级的时候接过来的。本来五年级上半年我就想让她过来的，因为我们不懂，去学校报名的时候没报上，到 5 年级下半年才接过来。女儿进的是那种农民工子弟学校，报的时候就好报，再说又是女孩子。

孩子的教育

我回去带儿子的时候在家，女儿那时候上三年级，学习上还可以帮助她一点。她的学习在班里总是前几名，但是我出来之后学习成绩落得一塌糊涂，都倒数第几名，原因是经常跟同学出去玩。我一直为这事情担心，就想办法把她弄来苏州。但是总归还有一个小的儿子，老公上班也不是说尽力的，他在蛋糕店上班，工资也不太高，就一直也没过来。我感觉现在还好，她也蛮争气的，也考到本地中学了。我一直还在愁，到时候没考到这边，回家我也会很担心的。

我知道我们住的附近也有公办学校，但要进公办学校是不容易的。我听老乡说至少得1万多块钱，这是给人家的，吃饭什么的都还得另外算。我也听别人讲，有个小学以前的校长好像就是因为这个问题给撤掉的。其实国家好像有政策说早就可以平等入学了吧，像我们这样，在苏州打工也10年多了。

我在想即使苏州这边不能保证每个外地来的孩子都能进公办学校，起码100个人你得录取80个人。但现在却反过来了，100个里面就前10名，前20名呀，100个小孩子只能有20个在这边读。我女儿所在的学校，本地中学录取的名额也是蛮低的。他们班上有60个学生，录取了是20个还是多少个，具体的我也不太清楚，大概20个吧。也只有3个对口中学，市一中、觅渡中学、26中，而且只能报其中一个。像我女儿报了其中一个，差了几分，她没考上。但比另外一个中学录取的分数高，她没报就上不了，最后我们还是托关系花了钱才进的学校。交了几千块钱，还花钱买了些礼物。

平常我们这些家长在一起时就会聊到孩子的教育这个话题。我感觉，只要是有小孩子的人坐在一起聊起小孩子，每次都会讲没有能力、不知道怎样教育孩子。老家的爷爷奶奶更可能有代沟。我老公的同事是我老乡，他们的小孩子都比我们的大一些，小孩子都十四五岁了。放暑假的时候他女儿过来，偶尔不经意间说了一句话，之后她妈妈就赶紧回家，不敢在这打工了。那句话是："你们就为了赚钱，我们这些孩子你们都不要了。"

以前有两个月时间不见我女儿，我回家的时候，她奶奶抱着她去接我。她跟奶奶挺亲的，她奶奶抱着她让我接，她就不理我，转过头抱着她奶奶，抱着她奶奶的脖子不看我。当时，我心里难受得很，当时心里真的好难受。从那之后一到放假，我能让她过来就让她过来，要不我就回家。

孩子成长的烦恼

儿子和另外一个小男孩骑自行车把轮子全都骑掉了。女儿那天给我打电话，她支支吾吾地讲。我正在做饭，火上还有饭，然后我就把电话给挂掉了。她就说自行车坏了，具体什么我也不知道。我就赶快让他们两个回来了。我正在急，她也讲不出来，支支吾吾地在那边电话里一点也听不清楚。她经常犯错什么的，或者是有外边人就害怕。我就经常鼓励她，说不管是对是错你就讲出来，犯了错，就要承担这个责任。讲了很多遍，不行，她还是每次支支吾吾地半天。哎呀！我都急死了，她就讲不出来。

有时我跟她讲第一遍或者第二遍、第三遍，她去做了也就算了，讲到第五遍的时候，她不但没做反而还跟我讲："你自己干吗不做？"有时候我也有些唠叨，总归是家庭妇女。有一次我把晒干了的衣服让她叠，我还要做饭，她就不想叠，还说："你自己为什么不叠，让我叠！你自己在家玩了一天！"我那天正好休息！

儿子每天早上起来都洗脸刷牙，有时候晚上我累了，就躺在床上。他会叫我起来刷牙，他自己坚持每天早晚刷牙。女儿没这个习惯，可能是小时候在家的原因。什么事情我讲一遍两遍儿子就记住了，女儿却讲十遍八遍都记不住。有时候我让女儿做什么事，弟弟比她跑得都快。买东西吃时我说让妈妈吃一点，儿子就立马拿出来，有时候也只是想试探一下，女儿不行，她会说："我还没吃呐，才不给你吃。"给她讲了好多遍都不行，现在慢慢地她也就知道我在试探她。

我女儿死犟死犟的，我也不知道怎么弄。打个比方说吧，早上起来我在忙做饭什么的，她起来就在那看电视，她弟弟也在那看电视，弟弟比她起得早，洗了脸刷了牙拿面包给她吃。她就躺在那里，躺在床上吃。我一直说醒来第一件事是洗脸刷牙，然后干其他事，她没有目的没有目标我都不知道怎么去跟她讲。

我老公是不管孩子学习的，我说让女儿补课，老公说不让补，考不上回家去。他就不想回家以后怎么样。她现在12岁了，一个小姑娘，给她放到家里等两三年之后，人可能都找不到了。现在我们老家，我听说好多（不好的），像去网吧、跟男同学出去瞎搞的什么都有。总归小孩子是要父母每天提醒的，社会现在乱得不得了。辛辛苦苦挣钱为了孩子，钱没挣到说不定孩子也丢了。

小屋对孩子的影响

前几天做的那个问卷上各方面的问题我也看了，就是学习这块有些问题，其他方面都蛮好的。她跟她弟弟的关系也比以前好多了，以前两个人因为东西打闹呀，现在好多了，也懂得谦让了。她现在做事还是没有目标。我们家附近有烧水的炉子（社区收费的打开水小店），把我们家烘烤得也挺热的，晚上没事我和邻居们就会在楼下坐着聊天。她就坐在那里玩，好像没什么事似的。

刚结婚的时候，我们一直吵架，离婚的心都有，刚结婚就干架，经常干架，有我儿子的时候我们才好一点。现在我都不敢跟我老公吵架似地开玩笑，有我儿子以后我们就没再打过架了。不过有时候也会（吵架），激烈的时候他们两个就说你们不要吵架了。他们两个刚生下来在老家的时候，有次是冬天，我老公懒我也懒，因为给小孩倒开水的事，我们两个闹得不可开交，暖瓶都摔了，过后挺后悔的。后来打着玩，吵得厉害的时候我会马上停止。刚结婚时我也挺要强的，一点都不让，他就比我小两岁。人家都讲，"让我给你做参考的话，真的不要嫁一个比你小的人，再怎么讲他真的就像一个小孩一样"。"女大三，抱金砖。"那得女的天天哄小孩一样哄着男的。在外面也有一些例子，男的大是疼你，但是也有女的比男的大，男的也疼她。

现在小孩子都这么大了还能怎么办？就这样子慢慢地过下去，不过现在也好了，他（老公）也有改。他自己有那个意识了，总归拉不下面子老是吵架吧。

我感觉（爱心）小屋对孩子的影响挺大的，就好像我们在这边小孩不能离开的那种感觉，小屋对我们的帮助真的挺大的。家长应该理解，我是愿意的，有单位什么的来支援肯定是好事的。如果说人家断了支持，我这边是愿意做些支持的。怎么讲呐，从开家长会来讲，我感觉大部分家长是愿意的。从大家的讲话能感觉到，真的，爱心小屋对家长的帮助真的挺大的。我就想先把自己家弄好，再把其他事弄好，其实我也挺喜欢公益的。

让孩子在城市能享受公平的教育

老张，47 岁，江苏淮安人，来苏州打工已经快 15 年了，在不同的工厂从事过多种工作，目前在一个五金厂做焊工。为了能让孩子有比较好的学习环境——去公办学校上学，他这两年可没少费心思。

老张的第一个孩子的情况，让老张决定把留在家里的孩子都接到苏州来。

老张以前的想法就是让孩子们在老家上学，老婆在老家照顾孩子，兼做些农业生产，自己在苏州打工挣钱。虽然说一家几口在两个地方，但因为苏州与淮安不算太远，回去也方便，所以觉得这样也挺好。

2006 年秋天，家里打来的电话却让他揪心了：上高一的大女儿不想再上学了，怎么说也没用。

他赶紧回家。

女儿一见到他，眼泪就吧嗒吧嗒往下掉，却不说话。

原来，大女儿近来老是失眠，睡着了就做噩梦，对谁都不愿意说话，问什么都不回答，更没有心思上课了。

老张感觉女儿精神有些异常，就带着女儿去医院，医生诊断他女儿得了重度抑郁症。老张想到这些年来自己一年到头在外打工，一年就回家一两次，老婆也忙于农活与家务，对孩子的学习、成长的关注很不到位。他想这是导致女儿得抑郁症的主要原因吧！

于是，老张就辞工在家陪伴孩子们。他在家半年，女儿的情况稍微有些好转，因为经济压力较大，于是老张和女儿商量，让她先休学一年，和他一起来苏州，她（女儿）可以在苏州玩或者做做临时工。女儿同意了。一年后，女儿的抑郁症状况基本没有了，于是又回家上学去了。

不过，大女儿的这次发病也让老张下决心不能再让家人分散在两地，特别是不能让年纪小的孩子长年见不到父亲或母亲。

2012 年，老张让老婆带着 10 岁的二女儿和 3 岁的三女儿来到了苏州。孩子们来到苏州后面临上学的问题，因为没有社保、住房等证明，他只能安排二女儿进木渎镇附近一所民办学校。该学校教学环境、教师资质等实在不好，但他没有其他选择。

一晃几年过去了，老张面临二女儿上初中、小女儿上小学的挑战。老张不想让孩子们再上民办学校了，一方面民办学校各方面条件实在比公办学校差很多，另一方面是学费每年还得三四千元。按以往的规定，上公办学校要么得自己在苏州有房，且交一年以上的社保；要么通过一些中介，给学校一些"管事的人"送些红包，少则几千、一万，多则两三万，但老张不想这样做。他在 2014 年 3 月的时候看到第十二届全国人大二次会议中说"我们要为下一代提供良好的教育，努力使每一个孩子有公平的发展机会"，也知道了《义务教育法》的一些内容。他特地把《义务教育法》打印出来学习，希望每个跟着父母亲来苏州生活的孩子都可以像当地孩子一样公平地享受教育资源。他还去了苏州市教育局、信访局、苏州市政府等部门咨询、了解情况。

《义务教育法》第十二条第二款明确写着："父母或者其他法定监护人在非户籍所在地工作或者居住的适龄儿童、少年，在其父母或者其他法定监护人工作或者居住地接受义务教育的，当地人民政府应当为其提供平等接受义务教育的条件。"某部门人员在接待老张时说："目前苏州的公共教育资源有限，难以兼顾到那么多外地来的孩子，况且这个问题不是苏州一个地方能解决的问题，而是全国普遍存在的问题。"老张说这是典型的不作为，是懒政行为。如果老百姓都用选票来决定官员的任免，官员是否就不敢说这样的话了呢？流动儿童多不是他们不能享受公平教育的理由，政府完全有能力改善流动儿童受教育的条件，如把附在流动儿童户籍上的教育经费变成"随人走"，流动儿童到哪教育经费就跟到哪，而不是落在流动儿童所不在的户籍地；实施教学环境均等化政策，让民办学校的软硬件设施向公办学校看齐，上海就是如此。

在一次家长交流会上，老张提议大家在孩子教育这个议题上做些探讨并讨论互相支持的可能性。有些家长说如果需要签名，会支持；但也有些家长还没面临这方面的问题，不是很热心；有些家长觉得这样的推动、倡导意义很大，但肯定不是一天两天、一年半载能够实现的，所以要现实点。

老张没有放弃！依然在空余时间到处奔波、咨询，为了孩子们的公平教育努力！

流动儿童上公办学校，容易么？

2015年，老张的二女儿要小升初了，小女儿也要上小学一年级了。

2015年5月份的时候，苏州市教育局给小学生人手一册《苏州市区小学毕业生升学宣传手册》。上面有关于随迁子女报名的信息，其中非本市户籍毕业生，办理报名手续所需携带的材料包括："①父母或其他法定监护人原户籍地户口本、身份证、父母符合户籍所在地计划生育政策的有关证明；②本地公安部门办理的满1年或1年以上的有效居住证件，包括居住证等；③父母或其他法定监护人在苏居（租）住证明，包括房产证（或房卡）、购房合同及付款凭证、住房租赁合同等材料；④父母务工证明或其他合法经营（营业执照）的相关工作证明（务工证明以父母一方或其他法定监护人有 1 年以上的社会保险缴费记录为准）；⑤小学毕业证书、素质发展报告书、1 寸照片两张等。"

老张想，推动教育公平，让所有的孩子都能享受平等的教育资源，意义不可谓不重大，只是在短时间内不容易实现。自己两个女儿面临的教育问题咋办？

他从 2014 年开始关注教育公平这一领域域，并开始做两手准备：一是按照当地现行教育政策（他一直认为其在一定程度上违反了《中华人民共和国义务教育法》）规定的各项条件，准备自己可以完成的事项；二是去各相关部门咨询并反映当地现行教育政策的问题，以期能得到改变。

在规定要开的这些证明里，第①项他就遇到了挑战：他的第二、三个女儿都是超生，咋办？他回到户籍地辗转开到了县计生服务站的已缴纳超生孩子社会抚养费的证明；第②项，他在苏州工作生活了十几年，不过这两年才去办了居住证，也没问题；第④项，他前两年去的公司给他缴了社保，也还可以；第⑤项也没问题。

最让人为难的是第③项"在苏居（租）住证明"，一般的工人哪能在苏州买得起楼房呢？一般的私人租房协议没有法定效力，需要房东的购房合同及付款凭证。老张辗转良久，后来一个同事给了他很大的支持：他同事前些年在苏州高新区买了一个当地的农民安置房，有房产证，可以给他提供房产证、缴税凭证复印件。他与一个房屋中介公司假签了一份"房屋租赁合同书"，花了 100 元钱盖了章。再去苏州市房屋信息管理中心开具了他在苏州各个区没有房产的证明，这个环节才算完结。

老张的二女儿在 5 月份通过考试上了苏州某中学的"光彩班"（该班专门招收家庭贫困但品学兼优的外来人员子女，学生可得到免费的人身平安保险和大病住院保险各一份，在校期间每天有一份午餐，并可获得信息技术费、簿本费、教辅用书费、社会实践费以及一年级的服装费等资助），这所中学是苏州市公开招收流动人口子女的公办学校。

老张去高新区某公办小学递交了上述几项材料，想让小女儿到该小学就读一年级。但该小学没有信息反馈，老张就到市教育局去反映情况，市教育局让老张到区教育局，区教育局的人不想解决。在老张的一再要求下，教育局才向该校施加压力。但当老张到学校咨询时，学校相关领导以老张小女儿超生为由拒收。老张又到街道去反映情况，并要求其出示不接收孩子入学的相关证明，街道才与学校协调，老张的小女儿最终才进入该公办学校就读。

与老张的孩子同在一个打工子女学校上六年级的流动儿童，则没有那么幸运了。除有一个因为体质较好被当地的一所体校录为体育特长生外，其他孩子要么回老家上学，成为留守儿童；要么就在苏州当地的民办初中上学，用有些家长的话来说这些初中只起到"托管"的作用，"什么都教不了"。

要上小学的流动儿童，想进公办学校，真是不容易，像有个家长说的："为了让孩子读小学，我们一共找了三所公办学校，每个都跑了七八次，请人吃饭、送礼。但是前面两所都进不去，到了最后××小学还有一个名额，就让我们进去了，加上赞助费我们大概花了13000元。像我们找到熟人能托关系还真是比较幸运，有些人花了钱也不知道小孩能在什么地方读书。我们本身挣钱就不多，还要供孩子上学，我只能说真的不公平啊！"

更多的孩子当然只能进条件、环境都相较公办学校差很多的打工子女学校。苏州有74所民办打工子女学校，仅苏州吴中区就有20000多名流动儿童在13所民办打工子女学校就读。

苏州某打工子女学校教室

摄影：李玲玲

教育公平的座谈讨论

时间：2015 年 8 月 23 日晚上 19：50—21：40

地点：苏州工友家园活动室

参与人员：张大哥　小全　海军　水水　王姐　王大哥　贾大哥　彩军　小蒋　老张

关于教育公平的座谈

主持人小全：今晚我们讨论的主题是教育公平问题。大家知道，我们的孩子在苏州这边上学，是很难去上公办学校的，需要办理很多证明材料。做不到这些，就得走各种各样的路子，少则几千，多则一两万。这个问题，我们去年就让为此而奔波努力的张大哥做过分享，一年多过去了，这个问题还是老样子。不过，很高兴张大哥孩子的上学问题在他的努力下，基本得到了解决。今晚，我们还是像去年一样，请张大哥做些分享。同时，我们一起来探讨这样的过程与问题，应该怎样解决，应该怎样去推动。开始前，大家可以看看张大哥两个孩子的入学通知书。

张大哥：我去年就说过，解决我两个孩子的教育问题不是我的根本目标，我希望我们的孩子都能没有障碍地去上公办学校。我们国家的法律上明确写着我们是平等的，我们的孩子都能公平地接受义务教育。可是现实不是这样！为什么会这样？因为有人往往不把法律上写的东西当真。我们的孩子在苏州这边上公办学校，也不是什么要求，而是我们应该得到的权利。我们在这边工作，给苏州创造了价值、创造了税收、奉献了青春，难道我们的孩子平等受教育的基本权利都不应该有吗？

申请证明材料过程中的挑战

张大哥：去年我跑了吴中教育局三趟，最后我看那个形势，以我们的条件——一个是计划生育，另一个是社保——根本排不上号，不知道排到什么时候才能上学。在木渎这个地方不知排到什么时候才能上学。教育资源很少，你看这么大一片地方就一个木渎三小。有社保能排得上的要等到猴年马月，可以这么说，想在吴中区这边上学根本没有希望了（吴中区生源多，学校少）。我到市里边跑了两趟，他说只要有"三稳"条件的就可以吸纳。"三稳"是指稳定的工作、稳定的住所、稳定的收入。稳定的工作是指劳动合同；稳定的住所是指有居住证，有住房合同才能办居住证明（凭居住证到所在地派出所开具"流动人口信息单"并盖章）；稳定的收入是指社保。

稳定的住所比较复杂，如果你在苏州没买房，只是租的房，就需在苏州大市范围内确定你没有买房，要无房证明。租房要有租房合同，要有房东的房产证、缴税证明的复印件，有这个东西你才能办居住证，有居住证你才能去开"流动人口信息单"。但今年也有好多人到新区教育局去问，说之前在吴中区居住，但搬到新区不到一年，该怎么办。新区教育局说去上级——市区教育局咨询，最后市区教育局答复说只要在苏州大市范围内满一年的都可以。

小全：大家觉得这样的要求高不高？

海军：我觉得大部分在苏州打几年工的人都能满足工作、社保这些条件，但住所可能就很有问题。

张大哥：还有一个计划生育的问题。××学校（民办）大概有三分之二的孩子都是有姐姐、弟弟的，就是计划外的孩子，也就是说超生的。这个计划生育证明很难开。我回家两趟，花了大概 4500 块钱，零花钱不算，找私人关系办的。如果不是私人关系，几千块钱是开不了这种证明的。

小全：这几项王姐觉得困难在哪？

王姐：就像海军说的，年轻的在厂里还好，但这些证明不好开。

张大哥：在厂里打工的也不一定能开到这些证明。

小全：王大哥的孙子小西瓜过两年要上学了，这些证王大哥觉得好不好办？

王大哥：肯定不好办！

小全：哪个证是最难办的？

王大哥：他们（王大哥的孩子）的居住证明是不好办的。他们没去办。

小全：如在沈巷（城中村）这样的地方，有没有房产证？好像只有宅基地证。现在的居住证一年需要去激活一次。张大哥，刚才王大哥有个问题，你如何能拿到房东的房产证的复印件的？

张大哥：我这边这么多证下来是有一大帮人在支持的，一个是工厂在支持，一个是朋友支持，我这每一张证后面都是有人在支持。像那个租赁合同要盖个章，中介租房公司一开口就要 300 块钱。房产证复印件是我同事的房产证复印件。所以我随时拿什么东西都能拿得出来。你想要小孩上学，你要想到这是可靠的。通情达理的房东应该可以的。苏州这边有个规定，一套房子 5 年之内只能有一个孩子上学的名额。

水水：我觉得计划生育外的孩子不能去上学是有问题的，就算是计划生育外的，已经办了户籍，（这）跟孩子有什么关系。

工友如何看待教育公平问题

王大哥：苏州的公办学校太有钱了，今年各个公办学校都装修。民办学校太寒碜了，都是靠我们打工者子女的学费撑起来的。

海军：社保如果是苏州大市范围内的可能不是很难，但就是怕区与区之间设卡，比如我们很多人在新区工作、交着社保，但住在吴中区，这就比较麻烦了。

张大哥：学校（苏州公办学校）资源特别紧张。它是（采）用一种橡皮筋的政策，基本是按学校收不了的。它并不是按市教育局的政策走的，它如果能收 2000 个人，2000 人之外就按政策把你挡在门外，不可能再收的。它是橡皮筋的政策，整个苏州市都是这样。按规定下来，往中央报、往省里报的，苏州市只要符合"三稳定"的全接纳。它是这么报的，我是这样感觉的。但是到下面根本就不是，学校门口都不敢贴出这样的"招牌"。像我小女儿这个学校，只收 270 个学生，其他全部用政策挡住，最后死吵赖吵，才加到 285 个，多招 15 个学生。

小全：其他好像还好解决，但房产证复印件比较难解决。即使去小区问房东找房产证，也是比较难吧。

海军：是的，特别是现在很多小区的房子都被二手房东包了。

水水：如果正常缴纳了社会抚养费，应该不能再有计划生育歧视。

王大哥：罚款也好、社会抚养费也好，是父母应该的责任，与孩子无关。交了钱以后，所有的孩子应该都是平等的，能平等地享受教育等权利。

海军：罚款交了之后，是不是本地（孩子）可以（享受的教育资源）的，外地人也一样？

张大哥：在本地不管征没征收，只要你是本地的小孩，你一分钱不交，它也得吸收你上学。

王姐：在我们老家，男孩女孩都要一个。

水水：关键是我们凭什么要执行添加给我们的各种条件呢？你资源少可以理解，你们没事干了可以这样那样地修路，你们可以扩建学校，这是你们的问题。你们可以有你们的处理办法，你们不能把所有问题都强加在家长身上。就像我们租房的人也没有能力要求房东必须提供房产证给我们，是吧？我们为什么要千方百计、想方设法托私人关系也好，其他方法也好，去按这个那个要求去办齐？一旦有一个人按要求办齐，其他人都得按这个要求办好。

张大哥：按照中国的法律，所有的小孩上学都是平等地享受义务教育，现实的情况是他们以各种各样的理由把你挡在门外。

水水：我们讨论的过程中还是要我们去屈从于这边的条件，这些不合理的东西很多人的确达不到做不到，因为有些人确实没办法。像王大哥他们一直在工地上工作的，地方政府从来没让工地给工人买社保，凭什么我们的小孩上学要社保证明什么的。按理说，这是有关部门先失职、渎职造成的结果，可是现在却用这种条件来卡我们，就是不合理。我们就是有权利（上公办学校）。大的政策下、大的那把伞撑着大家都淋不到雨，可是那把伞有很多漏洞。这是为什么？也就是我们不能说这是你们的问题，但却要我们承担责任。我们要去准备各种材料，像我们要去求着你们（有关部门）一样，我们是又掏钱又出力没事还委屈了自己。这本来是政策上的不合理，你们（有关部门）应该去解决。

海军：问题是我们知道这些问题，说出来后，谁去推动这东西。

水水：我们讨论那么多，要去提交这么多东西，凭什么我们要提交这么多手续？

小全：从我们的角度来说，哪些比较容易、比较合理？哪些又是有问题的？

海军：合理的，我觉得居住一年以上是可以理解的。确实，如果建了一个1000人的学校，今天你来了明天你走了，学校处于空置状态，也不行。

张大哥：不能按这个思路解决这种问题。有一次我到苏州市行政中心去，走错门了，进了统计局里。统计局里有个女的也抱怨："现实是没办法的，市里也要我们统计一年有多少小孩来苏州市上学。可是，教育局都搞不清楚，我们怎么能搞得清？"

关于教育公平的工友座谈会
摄影：苏州星星家园社会工作服务中心

苏州市的教育政策是按照 2005 年国务院的会议精神来执行的，2005 年到 2015 年整整 10 年苏州才执行，最先进的地方落后 10 年，那全国呢？哪个法都应该遵守，《义务教育法》《教育法》《民办教育促进法》，都应该遵守，政府部门它应该先守法，一把尺子，应该守法。

海军：这就是问题，假如它守法的话，就不存在教育不公平的问题。即便是推进，应该有个循序渐进的过程。我觉得居住一年以上是比较合理的。

张大哥：我觉得不合理，户籍制度还没解决呢，又来个居住证制度。第一个紧箍咒还没拿掉呢，第二个紧箍咒又套上了。

水水：我觉得居住满一年的，不一定非得要去（派出所）开什么居住证明。假如说我在公司工作满一年，公司也可以开。或者我交社保满一年的，或者交几年的，只是我从来不知道要办个居住证，但是我小孩今年就要在这边上学，我拖不起啊！我交其他方面的材料行不行？为什么非得按他们说的是哪个就是哪个，其他手续也可以证明我们在这边的。

张大哥：要的这些东西只是把你挡在门外的一种工具而已。

海军：对，只是一种工具。公司开的它不承认啊。

工友应该如何应对和行动

小全：张大哥说要跳出这个框架，如何跳出来？

水水：主要是去找教育局，是吧？我们那边那个小区的居民直接去找旁边镇的镇长，大家想好了，如果镇长不解决他们就要去围堵公路什么的。

张大哥：你说的这个方法我知道。我去吴中教育局的时候，江苏省的教育督导团正去东山镇检查，教育局长陪督导团去检查，在吴中开发区有一帮家长在围堵教育局办公室。他们住在一个小区，后面两幢划到另一个学区去了，第一个学区比较好，另一个学区不太好。当时教育局的秘书赶紧给局长打电话，我在旁边听得很清楚，那个局长说赶快跟街道协商解决。

我的各方面材料也不算齐全。就一个计划生育完全可以把我挡在外面，去苏州市教育局，去江苏省也告不赢，他们就可以这么说。但最后我就一步不让，态度非常坚决，要么你签字盖章给我，否则我就上法庭，就这么着。

海军：今天晚上我们并不是说张大哥怎么样我们就要顺着张大哥的去做。

张大哥：去递交材料的时候，新区教育局的人说："你为什么不符合政策？"我说："我都给你们整得倾家荡产了，我怎么符合你们的政策？""你怎么就符合不了呢？那符合不了我们也没办法！那你只能读民办。"我说："行啊！你让我读民办可以啊，你把材料签个字、盖个章退给我。"他说："你是要材料吗？"我说："你这么简单！我要材料？我小孩要读书，我被你们整到这个地步了，你说把材料退给我就可以了，你说得这么轻松啊！我告诉你要么你把材料盖章签字退给我，要么就安排。"他没办法："那我们执行政策有错吗？"我说："新区教育局执行上级政策没有错，但是我小孩要上学，我的小孩是不是可以不上学？要上学吧！你们新区教育是不是要做点啥呢?"就这么几句话,就解决掉了。

海军:所以即便去找他们谈,也需要一些谈判的技巧,我们其他工友很难跟其他部门的人衔接得很好。态度要坚决。

张大哥:必须要掌握其中的法律知识。别人去报名的时候,都是带热脸带好话。我去就骂骂咧咧的,第一天就被我骂了。结果那个招生主任就记在心里了,说"你的就计划生育不符合政策"。别人开的超生费就开三四千,我这边三胎就开 1000(抚养费)。他就说我这不符合政策。确实我只开了 1000 抚养费,确实太少。据我了解,外面有很多人是花钱进去的,人家花了钱,花个一两万块钱,没有材料没有证明,花钱进来。像我本来浑身带刺,正好把你踢出去,收你一些费用,又得钱又不用碰刺。

海军:但这中间需要很多的积累,并不是说我们所有的家长都能做到这一点。

张大哥:首先我们要坚定的信念是我们不是无理取闹,也不是来讨饭的。我们有正当的理由、正当的权利给小孩争取平等的教育权,因为我们在这里创造了价值创造了税收。我到市教育局,最后我就会反问他"你们有没有收税?你就告诉我,你们有没有收外来工的税",他说税是收了。收了税你就得办事,收了税你不办事你就不公平。他们也给我说得没办法。一个局长说:"现实呢,解决不了那么多人,我们建了那么多学校,还是跟不上。"我说:"压根你就不想解决,想解决不可能招收不了这些学生。"

孩子的教育不能粗暴

个人工作经历

我是江西人，15岁就出来打工了，做了20年的油漆工。因为家里兄弟姐妹多，我只读到四年级，没办法，只能出来打工。出来干活才算明白，我这辈子就是吃了没文化的亏。在我们那边都一样，大部分小孩都没上完初中，只有家庭条件允许才可以上完初中，我们村到现在只有两个大学生。

我刚出来的时候并不在苏州，因为那时自己也是小孩，所以就由亲戚带着做点力所能及的事。刚开始出来工作时没钱，帮人家打工没钱，就混口饭吃，后来从只有几块钱到十几块钱，然后慢慢一点一点地增长。才出来的一两年没钱，路费还是自己掏的，人家肯带你出来找个地方干活就不错了。

十六七岁的时候，我去了广东，帮人家磨豆腐，做了2年。我觉得那边相当好，跟我们那个老家简直就像天上地下一样，去到那边的时候感觉特别新鲜，感觉什么都是新鲜的。

真正做油漆工是从19岁开始的，一直做到了现在。刚开始的时候我也不适应，以前的油漆不如现在环保，比较伤身体，到现在也就慢慢习惯了。我们大致也明白，电视上说油漆不伤身体都是假的，油漆对肺的伤害特别大，像我们这样肺都坏掉了。前辈都说只做到40岁，之后就回家种田去。但是回家种田肯定会饿死的，还是出来打工好一些。自古吧，农村人出来外地干活肯定累。

我是将近 20 岁的时候来的苏州，今年（2014 年）正好 36 岁，到这边也 16 年了。一开始我们住在火车站附近，然后经历了拆迁、搬家，一步一步挪到了红庄这边（吴中区南部），反正就是哪里便宜住哪里。我和孩子的妈妈一直都相信要靠自己的双手。像我们夫妻刚出来的时候，就在厕所旁租了一个小房子，房间面积不大，只摆得下一张一米二的床，那个时候我们什么都没有，到现在马马虎虎也可以过日子了。其实我也想过换其他工作，装修行业又苦又累又挣不到钱。但人还是要面对现实，用我们老家一句土话——多大力气爬多大树。我只有这个能力，所以只适合做这个。

子女教育

我有个孩子，为了他，我们再苦再累也要做呀。当时我就跟他（被访谈者的儿子）说："不管你读书怎么样，只要你能读得下去，我们就会尽最大的努力来支持你。如果你真读不下去，或者说没那个头脑，我们也不会逼你。虽然现在每天我跟你说那么多，你可能记不住，但等你长大一点就会慢慢明白。"主要在我们那都这样，父母把你养这么大，然后给你借钱成家，你就有义务教育下一代。虽然因为家里的情况，我读书少，过得苦，但真没事。

我家小孩也没念过正规的幼儿园，因为老家的幼儿园和小学是在一起的，就一个老师看着。有些孩子一出生就跟在父母身边，而我们接他出来的时候他已经 8 岁了，还是太迟了。小孩子一个人待在家里都是有想法的，看到他对父母又爱又恨的眼神，我真的特别心酸。我第一次去看他的时候，别人说"洋洋，你爸爸来接你了"。我走到他面前，他居然往后退了几步。当时我就想，不管怎样我都要把他带出来。尽管中间我们每年都回去看他，但最多也就回家 10 多天，刚和孩子玩熟了，就又要离开。有时孩子会一直抱着我，舍不得我走，那个场面真的是没法形容，只能说难啊！

　　等到他该上一年级的时候，我就跟他妈妈商量，不管多么苦，也要把他带出来。当然也做过最坏的打算，想着如果实在找不到人，就把他送到外来民工学校。但是他妈妈舍不得，认为既然出来了就不管花多大代价也要让他到本地学校。当时托人找了好多关系，终于把他送到了××小学读书。之后他读书我也跟着学，一年级的时候我还懂些，之后就不行了。我心里真的急，所以决定每个月花700元送他到补习班上课。但那不是正规的补习班，对小孩没起到什么作用，他上了1年后就不再去了。

　　我之前特别看重他的成绩，（对他）语言也比较恶劣，给了他很大的压力。我能感觉得到他打心眼里对爸爸妈妈的恨，想着老家多好呀，爸爸妈妈为什么要把他带来苏州。我承认这是我的错。后来二年级的时候开家长会，一个专家来给我们上课。我觉得人家讲得特别有道理，一下子清醒过来了。不能再像以前那样用古板、粗暴的方法教育小孩，这会对他造成特别坏的负面效应（果）。之后我该认错就给他认错，还会写保证书。现在他的心情好多了，人也比以前活泼了。他上四年级的时候，成绩一直往下掉，我就提前和他妈妈说不要像以前一样，要慢慢给他鼓励，有什么想法就让他自己说出来。所以他期末的时候成绩考差了，我也不管他，我不会像其他家长一样买很多课外书强迫他做。我只要求他完成老师布置的作业，等他做完了我还要检查一下，虽然我可能看不懂，但还是要从头到尾看一遍。除此之外，我每天还要和他一起谈谈心。我从来不跟他谈学校的事情，最多就是说说学校里的活动。最后他的成绩又拉回来了。

　　我们也能感觉得出来，他其实心里很懂，只不过不想和你交流，我不想让他变成一个沉默寡言的人。这样真的不好，必须要慢慢跟他交流。现在我很自豪，我们和孩子的关系就像朋友一样。虽然我们一家三口住在一间十几平米的房子里，但每天晚上都打打闹闹，不像别人家的小孩，每天晚上他父母不理他，小孩只能自己看电视。我平时也会陪他一起看动画片，因为要考虑到他的心理，所以看电视的时候不能随意换台，像喜洋洋、光头强之类的，台词我都会背，数不清看过多少遍了。

我就是想改变我们农村父母传下来的思想，我也没想过做什么比较好的创新，我能学多少就学多少。当然孩子能理解爸爸那是最好的，但如果实在不理解，我也没办法。

教育公平那些事

开学他要上五年级了，接下来也面临升学的压力，当然最好他能考上××中学，要不去比较远的地方也行。但是如果实在考不上，就算我们心里一百个一万个想留在苏州，也只能放弃这次机会。想想花了这么多力气才把他带过来，最后如果只在这边读六年，说实话心里真是不甘心。但是也没办法，只能说尽量争取，让他接受更好的教育。

每个地方有每个地方的规矩，我们也只能遵守学校的招生标准（规定）。现在学校都规定得拿出房产证，社保要交够三年，要有居住证……其他的条件我都可以满足，但买房这一块我真的是想都不敢想。如果学校对父母的要求是合法的，那么只要有居住证，父母也没做什么违法事，小孩子就应该有同等的机会去上公办学校。不要分什么有房产没房产，外来人口买房子毕竟很少。如果有房的话，他说不定不会在苏州打工，而是会回老家去，在老家他的生活条件更好。

之前为了读小学，我们一共找了三所公办学校，金×小学、长×小学和东×小学，每个都跑了七八次，请人吃饭、送礼。但是前面两所都进不去，到了最后东×小学还有一个名额，就让我们进去了，加上赞助费我们大概花了 13000 元。像我们找到熟人能托关系还真是比较幸运，有些人花了钱也不知道小孩能在什么地方读书。

每个孩子都需要同样的对待，跟本地的孩子一样，同样的待遇。

爱心小屋

去年的时候听说你们在木渎办了一家爱心小屋，我和他妈妈特别开心，每天看电视，关注小屋的变化，终于等到红庄这间爱心小屋成立。因为不知道报名时间，所以来得比较晚，幸好还是报上了。现在有幸在电视上看到他露了脸，特别高兴。昨天我家有个亲戚过来办事，小孩子也想跟着一起去，但我跟他说明天小屋有活动，要积极参加。后来他同意了参加活动，下午我来接他的时候，他说晚上会上电视。晚上我们到家太晚，没赶上电视直播，然后我就和他妈妈一直等，等到 11 点多才看了重播，前面都是昏昏沉沉，看了爱心小屋的片段，一下子来精神了。我们心里特别高兴，晚上睡觉都特别香。

到这爱心小屋里面，孩子的变化很大。第一次，办的是五一劳动节的活动，每个小孩都有表演，他不想表演。我知道他的性格，但是我跟他说，不管是谁，就像爸爸有时候有不敢做的事，你也劝爸爸勇敢一点。你虽然还小，但也是男子汉嘛，就要勇敢！第二次他就参加表演，一般的时候他不敢表演、不爱表现。

编者注：该家长逐渐意识到家庭教育、社区教育对孩子成长的重要性，虽然现在工作很忙，但他总会抽出时间来陪伴孩子，带孩子去参加学校足球队的训练，还和孩子一起参与各类公益活动，成为公益活动的积极志愿者。孩子在这个过程中，当然也得到了很多成长，各项成绩一直在进步，积极参与足球等体育活动，变得更加活泼开朗、阳光自信。

第 四 编

老工人的故事

老王的故事

因为缺钱外出打工

1988 年出来，去的是河南南阳，那里原来是部队。家里缺钱，在家里也没意思，就出来闯一闯，成家了。我儿子是 1987年出生的。在河南待了两年，那时候全国基础建设大压缩，我一个月能挣百来块钱，还要考试评级。刚开始做的是钢筋工，一天八九个小时，是部队的施工队，还发洗头膏、洗衣粉、高温费、过节费什么的，工资低，福利还可以。

出来相当不习惯，孤单，生活相当差的。早上两个馒头、一碗稀饭，那个饭堂是私人承包的，搞点烩面，再加上头天晚上的剩干饭。那时候说得好，是国家供应粮食，一个人一天 1.5 斤，一月 46 斤半的粮。发的是饭票、菜票，又不给发钱。两个馒头、一碗稀饭，那时候我们年轻，两口三口就把它吃掉了，早上是没菜的。中午有菜，一个素菜一个荤菜，搞一勺，菜是没有油的，半斤米饭，已经算是可以的了。晚上就是面条、稀饭。这些在家里一顿都不够吃，在家里可能吃得差一些，但能吃饱。那是计划供应粮食。

在那边天天筛沙子，做些零工，没有什么活干，没挣到钱。

新疆之行

从河南回来之后，为了维持生计，又和几个老乡结伴去了工资较高的新疆。那次火车上的情景给我留下了深刻印象：坐车太挤，上车下车最拥挤了。火车上有人骗、抢、偷，什么人都有。以前是坐闷罐车，没有窗，人挤得都出不了气。有去广东、新疆的，时间长，又吃不上饭，自己带的干粮，连水都没得喝，那真叫难受。那时候没什么春运的概念，一年到头都挤，火车站真是人山人海，不像现在。

新疆的天长，早上三四点天亮，中午一两点吃饭，晚上10点吃晚饭，这一点最不习惯。饿得很惨！我们去时还好，前几年去的人更惨。我跟着打混凝土的做零工，经常几天几夜地搞（做）。那些年轻人瞌睡得有时突然倒下就睡着了，有些就偷偷跑回去睡觉，包工头找不到人就去床上用棍子捅。我们在新疆的时候，都不发生活费，包工头包吃。因为发生活费的话，大家就都跑掉了。

每天工作十二三个小时吧，有时早上4点钟上班，到晚上十点或十一点才下班。

在新疆待了几个月，我们是过完年去的。我们同村去的老乡很多人哭着要回去，就剩下我们三个人在那里，没办法，再苦也要坚持。一天三四十块钱吧，当时应该算比较高的了。

新疆那边还有个特点，不分工种。什么活都干，砌砖、打混凝土、双砼、植模等，一条龙地做，反正有你干不完的活。我们在那边是修电厂。那里还缺氧，屋子里面不透风，材料有毒，在下面干半小时就受不了。我们多年在工地都是这样，平常只是给你发生活费，结工钱都是做到年底。在新疆那边还有个不好的，让你先走先回老家，才给你拿钱。回到老家后，老板（小包工头）晚回来一点才算：今年有多少工，多少钱一天，他说了算。

来回车票也都是他买。钱在他手上，说扣300就扣300，说扣500就扣500。另外，你回来后，不管你去不去，先扣了你明年去的路费，还押你一个月的工资。大家觉得押了那么多钱，还是得去；不去的话，扣的和押的钱，你就不能要了。

第二年我就不去了，那个地方太亏了。小包工头跟大包工头结账回来后，他自己会算，除了工人的，我要赚多少钱。工人多少钱一天，就他一句话，35就35，25就25。去的时候即使说50元每天，结账时他会说今年亏了，不能发这么多。

包工头是我们同一个县的。

东奔西走

从新疆回来之后，我又辗转去了上海，做了两三年。在上海住的是那种砖砌的房子，上面盖了油麻毡；还住过桥洞，桥很宽，在桥下面一拦，就住人了。在上海印象深刻的是查暂住证。他们先问你有没有身份证，有身份证就把你的身份证收掉，收掉就问你有没有暂住证，没有就把你搞到派出所关起来。如果没有人来领就把你拉到安徽，到蚌埠后就把你扔下来。我有老乡就被扔过，我差一点（被扔）。

我们有的也会办暂住证，但大多数没办。一般（查证的人）晚上去查，一听到来查暂住证，就躲呀、藏呀、跑呀，跑到树林里、山上、河边。我也跑过几次。有一次白天查，他们说是派出所分到任务，要抓多少人，逮到就抓到车上去。我当时想，我又没犯法。但我身份证没带在身上，放在住的地方，就被弄到派出所了。晚上是包工头出钱把我赎出来的，熟人的话只要几十块钱，不是熟人要花两三百块钱。

在上海那边还有件事。最后做的那个工地，钱没收到。我和两个内弟包了个活路做，要过年了，准备拿钱回家，两个内弟没等拿钱就想回去，包工头就打了张欠条，结果三个人的工钱到现在还没收到。那时说让我开年后几月份过去拿，我后来到苏州这边上班，抽时间过去，过去一次没得，又过去一次也没得，最后一次他就跑了。半年时间的工钱，有五六千块钱。

工作辛苦对我们来说很正常，只要想想孩子，想想家里，什么苦我们也都能忍受。但最难忍受的是想家，想孩子，而自己在上海挣不了什么钱，没法把孩子接过来。晚上的时候，那种感觉就特别强烈，有时候真想什么都不管不顾了，只要一家人在一起就行了。但我自己知道，这都只是想想，很多地方都要花钱，我必须挣钱，这样才能供家里花销，才能抚养小孩！

继上海之后，又和老乡一起去了山东济南做泥工。那边跟老家及之前去的几个地方相比冬天要冷一点，夏天的话又很热，蚊子很多，但在外面已经待了很久了，慢慢地也就比较适应这种环境了。在外面时与家人联系不像现在这么方便，有时会往家里写信，或者家人呼我的BB机，再去公用电话亭回电话过去。

初来苏州

来苏州之前，家里房子很旧了，在外面打工好多年之后，也稍微攒了些钱。因为我自己本来就是在工地做建筑工类的活，为了节省开支，家里造房主要都是靠我自己，而一些必要的自己和家人干不了的活就找些小工帮忙。这样，我在家里待了一两年时间。

来苏州后，最先住在枫桥的东浜村，在那里住了半年左右。那边拆迁了，我就搬到这边了（吴中区木渎镇沈巷村），还是在工地上工作。我基本上都是早上四点钟起床，晚上回来就八九点了，一年四季都这样。除非下雨，或者是工地上没有活，这十多年一直这样。晚上吃了饭，洗漱后，眼睛就睁不开了。

最开始几年，我们骑着自行车往无锡工业园去，在沈巷这边住；早上还好一点，刚起床，路上车也少，一个多小时可以到；

晚上干一天活累了，饿着肚子，路上车也多，红灯也多，一趟就得两个小时左右。回来才吃饭，饭吃了才睡觉。

我们四点钟起床，热天还好一点，到冬天，哎呀，天还是一片黑。有时下霜的时候，真不得了。到工地上，钢管上都长了一层毛，戴着手套，手套粘在钢管上都拿不下来。

2003 年下半年我来的这边，刚开始这边村子都是村庄、稻田。刚来的时候都是冷冷清清的，连菜市场都没有。沈巷村还没有外地人，一个月房租才三四十元。村里的路都还是土路，附近都还没厂房，还没有立交桥，就是这十来年才发展起来。以前这边跟我们老家也差不多，都是种庄稼。

在苏州打工的这些年，做的活跟以前没什么大差别，也都有很多老乡一起。苏州这边四川人特别多，我们四川人都修了好几条街了，这或多或少会缓解一下思乡之情。

遭遇工伤

2013 年 4 月，我到一个工地当木工，才做了 15 天，用电锯的时候不小心把左手手肘处割伤了，主神经都断了。

在枫桥医院那边，公司名字叫"江苏永丰建筑有限公司"。公司是常熟的，劳动局工伤科要求我去常熟开个劳动关系证明。我这段时间也走访了一些单位咨询，都是说得好。现在公司说我这是医疗事故，只给我赔两个月工资，还说让我去找医院。医院没办法，让我去找法律援助单位。我坐包工头的车去法律援助那里，那里也说官话，说"这是不是医疗事故的问题，我们不能说，我们就属于外行了，你要去医院问那些专家"。

我说那就走工伤认定的程序，他说还是先去问问医院的专家。老板又带我去医院，医院的一个主任接待了我们，说这不能说是医疗事故，割断的主神经已经接上了的，那些很小的神经要接起来是很有难度的，只能慢慢恢复。

后来，包工头又带我去苏州市附二医院，找了个熟人，也是个专家。那个专家检查后说这至少需要半年以后才能看得出问题，还要做肌电图什么的。

这事，我还是希望和包工头协商解决。我也不是说要求太高，但你也不能太低了。像原先说只给我两个月的工资，我说一两个月说都不用说了。现在也不是一两个月的事情，半年以后我能不能干活、能不能上班我都不清楚。如果谈不拢，那只有走工伤认定、伤残鉴定这条路了。但这条路也不好走，部门多，一个普通打工的，人家不理你。

我们一般都是在工地里跟在包工头后面干活，没有劳动合同，也没有社会保险，根本就没有什么证明。到时候我也不知道自己能恢复到什么样子，老板有没有跑掉，都那么不确定，感觉好无助！

未来打算

在外打拼了这么多年，感觉最对不住的就是孩子了，没有太多时间陪他一起成长，这是我很遗憾的一方面。这次受伤让我对生活、人生有了新的领悟。我的父母现在六七十岁，婆婆九十岁，我还在这边落脚起什么作用？我现在已经想着怎么"战略性"撤退了，这是必须考虑的问题。我们没什么成就，对国家、对苏州、对自己家来说，没什么大的贡献。父母养我们一回，老了我们要陪伴他们，这是我们的责任。下一代他们如何发展，就看他们自己了。像我们打工的，有很多钱是不可能的。

除此之外，农村土地荒芜，无人耕种，农民宁愿当工人，这是个很严重的社会问题。另外，农村养老体系也应逐步完善，政府经常说的"以人为本"，话很好，但很模糊，以什么样的人为本？必须回归到这一点上来。真正幸福的人很少，人与人之间关系逐渐生疏。普通人是社会建设者，应该以他们为本，这样社会才会更和谐。当然，这是一个漫长的过程，还需建立相应的教育体系、教育设施等。

编者注：老王2013年4月份受的工伤，在休养、康复期间就为工伤的事情奔波，去工地找包工头，找建筑公司，去劳动局，去建设局，去其他政府部门……经过不懈的努力，加上一些公益人士的协助，到2013年10月，老王的工伤处理虽然没有走工伤认定、鉴定的程序，但最终还是和建筑公司协商，争取到了10万元的赔偿。2年多的时间过去了，老王左手的食指和中指恢复情况不是很好，两个手指活动起来也不灵活。这也许跟老王还没完全康复就得去干体力活有关。

这几年建筑工的状况没有多少改善，除了部分工地会为建筑工购买"建筑业农民工工伤保险"外，大多数建筑工人还是没有劳动合同、社保。从2015年6月以来，长三角区域特别是苏州的房价从1万元/平方米涨到了2万—3万元/平方米，但是，建筑工的收入很奇怪地下降了：大工由五六年前的270—280元/天下降到了2016年的220元/天，如果做"点工"（类似于临时工，干一天活算一天钱，时间一般不长）的话，可能就只有200元/天，小工也由之前的150—160元/天降到了140元/天。老王因为2016年春节后出来的时间晚了点，在苏州这边找工作就不容易。一直在不同的工地做"点工"。2016年6月，老王家失火，二楼和三楼都烧毁了，他们一家也都回去处理事情了。

老王上过高中，在当年也算个"高才生"，但之前一直忙于工作，很少看书、写东西，受工伤养伤期间才再次拿起笔写些受工伤的感触，并且一发不可收拾。其中住院期间写的《病房七友》还获得了某公益组织举办的"新工人文化艺术大奖赛"散文组冠军。下面是老王写的几首诗。

老王一家合影

摄影：Peter

思 归

闷雷惊夜半

愁雨落窗轩

心忧受煎熬

长夜怎能眠

俗事苦缠身

孤灯空思念

心苦路遥远

托梦报平安

子夜长叹息

何时是归期

半月转眼过

弹指一挥间

光阴不复还
思亲六月寒
人乏灵魂虚
故乡何颜还

气　球

乡村和城镇
恰似两个又圆又大的球
我被它们挤在中间
自由不自由

从前我讨厌农村粗糙的生活
日落而息　日出而作
勉强温饱　要死不活
为了生活　执意漂泊

城市霓虹在我心中闪烁
城市生活勾去我的魂魄
羡慕城市光鲜的衣着
上班下班逍遥洒脱

我不顾双亲苦苦劝说
一心向往城市生活
起初觉得新鲜快活
干的是脏活重活
建筑工地日夜穿梭

热天冷天从不间断
直累得我腰弯背驼
老板呵斥　同行刁难
心中委屈无从诉说
拼命地干　年复一年
青丝换白发　青春不在

省吃俭用　精打细算
只为应付高涨的生活
本地人的不屑　房东的刻薄
我们给他们创造利润
家家买了车　户户盖楼房
帮他们建设小康生活
可谁知我们捉襟见肘的窘迫

方寸租室　房价飞涨
锅碗瓢盆　桌椅凳床
逐一安放　满满当当
还有电瓶车　自行车
与我把空间来抢

于是我把自己
压缩　折叠　安置　上床
这时才有时间
把农村怀念　家乡来想

失宠是家园没了温暖的阳光
衰老的父母怎不令我心慌
梦回清冷的家园

乡情变得生硬凄凉
父母待我客人一般
生怕我忘记返回家园

沧桑岁月不复还
追不回父母的康健
我成了我家乡的过客
乡邻怀疑审视的目光
盯着我干瘪衣装
阵阵发凉

秋风瑟瑟　落叶飘飘
门前小河秋水又涨
一叶孤舟风中飘荡
岸在何方

我忽然怀疑
我没有住在地球
怎么突然没了引力
我像一个没了线的气球
气球在城乡两个球间碰撞
漂向乡村碰壁
漂向城市血流
遇到一根尖刺
顷刻化为乌有

老苏州

文/全丁

　　"老苏州"原名老贾，1969 年出生，江苏泗阳人，17 岁来到苏州，在苏州待了 30 多年，所以逢人便自称"老苏州"。

　　"老苏州"9 岁丧父，母亲把他三姐弟（老苏州有两个姐姐）一手拉扯大。"老苏州"年轻时结过婚，据说女方精神不是很正常，结婚几年没有孩子被娘家叫回去改嫁了。"老苏州"因此伤心失意，纵酒度日，一次酒后意外右眼就瞎了。他原本家境贫寒，又独眼，从此就成了老光棍的一员。

离开苏州快

　　2016 年 4 月 30 日，"老苏州"晚上八点多打电话给我，其实我已经有些烦他了，平日他经常来家园①，还三天两头打电话过来，不管有事没事，也不看时间。我最烦的是他的普通话带着浓重的苏北口音，当面聊天，说得慢，还能听懂八九成，电话里能听懂六七成就不错了。而且他反反复复说得最多的是那么几句话："最近怎么样？有没有什么活动？需要帮忙的说一下。"这些话很令人感动，但听多了也就不怎么在意了。

　　"老苏州"说："我回老家了，前两天干活没劲，老板（工地

小包工头——笔者注）带我去苏州一个医院检查了，医生说我严重贫血，要住院治疗，至少需六七千元，我怕花钱啊，就连夜赶回来了，现在在家调理，可能需要两三个月的时间。"

我很惊讶，因为4月28日他还来过我们家园，感觉他还挺精神的，说自己刚换了个工地，离家园比较远，以后可能就来得少了。

他说医生说他长期劳累，营养跟不上，所以贫血了。平时我常常看他晚饭就吃几个包子。对于他回家，我也没怎么在意，心想他回家调理一下也好，工地上他每天四五点钟起来，干到下午五点半，有时还得加班，没有休息日、节假日（除了下雨或者春节），20多年下来，他也够辛苦的，趁此机会可以好好歇歇。

老苏州在公益组织与工友们开心地做活动
摄影：苏州星星家园社会工作服务中心

"病"得快

此后，他陆陆续续打来些电话，我有些接到了，有些没接到，渐渐感觉有些不对劲了：短短的20多天时间，他居然住了两次院，还花了几万元钱。第二次住院我是从他的"QQ说说"

里了解到的，他睡觉时牙龈出血，并且止不住，如果不是姐姐、姐夫发现得早，及时送到医院，他可能命都没了。

我有些疑心医院在坑他，当时魏则西事件风头刚过，我揣测他进的莆田系医院，还专门查了下莆田系医院在宿迁、淮安的分布状况，还有他说的医院的资料。

我催他有空把医院的检查报告、住院记录通过 QQ 传给我，他说自己是严重贫血，不是其他病，却说钱都花光了，村里面的人每家每户都给他捐了钱。

其间，他在 QQ 空间又传了几条"说说"，直到 5 月 26 日才传了几张模糊的血液分析报告单和住院记录给我，从中大致可以分辨出医院的诊断：再生障碍性贫血。在血液分析报告单上面看到有几项检查异常。

我觉得问题不小，就在他传的图片下面留言："第一、二、三张都看不清楚哇！""第四、六张也看不清楚。"

他 5 月 28 日又传了几张稍微清晰些的图片，我把图片传给上海的朋友，托他给相关医生看看，给些建议。朋友回复说，仅根据检查不好做什么判断，有条件的话，建议去做骨髓穿刺检查。

钱花得快

在我和一位志愿者 6 月 3 日去老苏州的老家前，老苏州就多次打电话过来说花了不少钱，有七八万元，因为花钱多，家里经济状况又不太好，所以村里面就挨家挨户动员村民给他捐了钱。有捐 100 元的，有 200 元的，也有 300 元的，零零散散凑起来有七八千。"老苏州"在苏州打工多年，把半辈子青春奉献给了苏州，到他病重时，他在苏州没有任何的社会保障可以支持，反而是日渐陌生的老家村民给他力所能及的支持。

我问"老苏州"："在老家有买农保吗？"他说，"买了，但很多项目不能报，即使能报的部分，也只能报 50%，他托了关系才能报到65%，特别是输血这类花钱多的项目，都不能报"。他说，"花了七八万，大概只能报一万多"。为了省钱，或者说病急乱投医：凌晨两三点"老苏州"都由大姐夫用电动三轮车带着，到县城的屠宰场去喝新鲜的生猪血，据说喝生猪血补血。但喝了一个星期他就不能去喝了，因为腹泻他连电动三轮车都爬不上去了，大姐夫、母亲都老了，也没那个力气扶他。

6月4日早上，我们和奄奄一息的"老苏州"，还有他的两个姐夫以及一个外甥去淮安第一人民医院复查，当天是周六，血液科没人上班，无法输血，便只去了急救科。从上午十点左右到医院，到我们离开时的下午一点多，就三个小时多一点，"老苏州"两个姐夫就花了将近3000元钱。这些钱，相当于老苏州在苏州工作一个月的毛收入。

因为想尝试通过众筹给"老苏州"帮助，就想了解下"老苏州"的经济状况，有一次我不避讳地问"老苏州"和他二姐夫："'老苏州'在外面打工快30年，没存些钱吗？"

"老苏州"说："存了四五万啊。以前在工地一天才四五十块钱，这几年才涨了些，但每天也只有一百四五十元，干一天活挣一天钱，没活干就没钱。这还是毛收入，除掉生活费还有小包工头年底或项目结束时的各种扣钱，还能剩多少呢。十几年前在老家修的几间砖瓦房，花了不少钱，那四五万也是这几年才省下的钱。2015年建筑行业不景气，在苏州才做了200多个工，吃饭还得自己花钱，一年下来，能剩多少钱呢！"

他二姐夫说："他能存啥钱？在建筑工地苦工，又是当小工，吃的喝的还得自己掏钱，他能养活自己就不错了。我们也不指望他能挣什么钱。"

当天在淮安第一人民医院，因为病人多，医生没有给他安排上病床，他们当天晚上十点多就回去了，那天他们花了4000多元钱。奄奄一息的"老苏州"输血后，又马上精神起来，说话很大声，脑子也清楚得很，还跟我说："老弟，等我病好了，我还会去苏州找你们！"

他不知道那天他的血液分析报告单上"血小板数目"等多项检查结果都是"0"。

"走"得快

从"老苏州"的老家泗阳回苏州后，我们盘算着怎么办。"老苏州"的病情不乐观，要么隔几天去医院输血，靠输血维持生命，要么花几十万做手术（可能得做骨髓移植——淮安医院医生的初步判断），要么就回家好吃好喝直到最后时刻的到来。

第一个方案，按他的家庭、亲属的经济状况，显然维持不了多久（他9岁丧父，结婚后离异，无子女，亲人只有一个76岁的母亲和两个嫁出去的姐姐及其家人）。

第二个方案，他的家庭、亲属不会考虑，也不敢考虑。

第三个方案，是当时他的亲属默认的选择。

我们觉得"老苏州"就这样"翘辫子"太亏了。

我们跟工友商量，工友觉得几十万元真是个天文数字，怎么可能筹到呢？但我们想搏一搏：即使筹不到那么多钱，我们也努力过。

第三天，我跟"老苏州"的二姐夫沟通，希望他们亲属开会讨论下，给我们一个月的时间，这一个月里保证"老苏州"定期去医院输血维持生命，我们看能否筹到给"老苏州"做手术的费用。

他二姐夫说可以考虑，但得跟其他家人商量，大家同意后再给回复。

其实我对筹款的事很没信心。我们几个月前和一个公益伙伴给一个突发脑溢血昏迷的孩子筹钱，筹了几个月才筹了不到3万元，"老苏州"的事，我们又能筹得到多少钱？

回复迟迟没有，其间我催了三次，另外还与"老苏州"通了两次电话，感觉"老苏州"状况还挺好的，暗地里还想"老苏州"莫非有神助，病情会向好的方向发展。

6月19日早上，六点多和七点多他二姐夫打了电话给我，我还没开机，快九点时我回电话过去，他二姐夫接的电话，第一句话就是："小全，贾××走了！"

"啊?!"当时内心真的很复杂，既有哀伤，也有解脱，还有愤怒。我本能地问："他什么时候走的?"

"凌晨四点的时候，他走的时候没遭什么罪……"

我这才知道，我们回苏州后他们送"老苏州"去县医院复查时，只是输了营养液，因为县医院没有血液。这离我与"老苏州"最后一次通话不到一个星期，离我们去看"老苏州"才半个月，离"老苏州"从苏州回老家才1个月20天，那时他还挺精神。

后事快

因为天气热，"老苏州"过世当天下午两点就送去了县殡仪馆火化，20日在家停一天，21日安葬。真快！

我想去祭奠老苏州，也顺便给他的老母亲送去认识"老苏州"的一些工友和其他朋友捐赠的慰问金。

6月20日下午我坐大巴到泗阳，那天天气好得出奇，只有几抹轻纱似的白云，天空蓝得耀眼，沿路的杨树飘着细柔的杨絮。

"老苏州"的小外甥和妻子及他们的小儿子开着车到县城接我，才十几分钟就到了他家门口，门口前面刚收割的麦地上摆着从县城里请来的丧事乐队，乐队的唢呐吹得很起劲。

"老苏州"的棺材摆在正屋，听说棺材里除了"老苏州"的骨灰，还有他生前留下来的喜欢的一些书。

我给"老苏州"三鞠躬后被请到厨房吃东西聊天，其间，他的几个外甥谈笑风生让我几乎疑心来错了地方。"老苏州"几十年来都待在苏州，与外甥见面不多，他的外甥都受过高等教育，几乎不知道"老苏州"这样的农民工在苏州做什么、生活怎样。"老苏州"这样的病，据他们所知，治愈的可能性极小。

　　下午离开"老苏州"家的时候，阳光依旧灿烂，天空深邃得没有尽头，高大的杨树在田间地头绿成一堵堵高墙，像是在人生的尽头。我想，在这样美好的天气里想"老苏州"的死，显得太煞风景，可是，现实不就是这么荒诞吗？

　　"老苏州"的二姐夫要我用手机给县城的丧事乐队拍照或录像，这样可以给乐队做宣传，以示对他们的尊重。我想，因为有事情赶回苏州，不能送"老苏州"最后一程，正好录一小段送"老苏州"的哀乐吧！这样的哀乐也许可以给被快速发展的社会拧得团团转的我们一个小小的纪念与哀思！

老苏州与工友们在苏州郊游
摄影：苏州星星家园社会工作服务中心

"老苏州"创作的一首歌

我的时间哪里去

词：老贾

曲：苏州工友家园志愿者集体创作

演唱：段玉

　　哎嘿呦！各人时间都相同，我的时间不够用。

为何时间这么少哎，我的时间哪里去？哪里去？
我的时间哪里去？原来被人利用去。
我想只做一条鱼，自由自在水中游，水中游。

哎嘿呦！我的时间哪里去，如此无情又无义，
原来被人利用去，不得似鱼水中游，水中游。
小鸟高飞多自由，蝴蝶翩翩多自由，
鱼儿畅游多自由，我被管得不自由，不自由。

哎嘿呦！哎嘿呦！我想叫你跟我游，让我来去都自由。
不能、不能，真不能，我被干部加了油，
不能让我去自由哎！跟着干部去加油①，去加油！

①　加油，指被领导或者包工头叫去加班。

不能安居　谈何创业

上海，就是离家比较远的工厂

我是安徽人，1999 年来的上海，或者是 1998 年，我都忘了，当时也就 16 岁吧。在上海我连区都没换过，基本上都在 ×× 区。除了老板、厨师长我没当过，其他都干过（笑）。我在这里待了 16 年，以前三四年回一次家，现在有孩子了一年回一次。以前也想家，但是没什么成绩，不想回家，觉得没脸。我觉得最起码老婆、孩子、爸妈在一起吧，有一个稳定的收入，这就是有成绩。现在的收入也算稳定吧，但是还没达到我能把孩子、父母接过来的程度。我还没做到这一点。

打工的动机就是赚钱，不是为了赚钱难道还是为了体验生活？在农村体验得够多了。以前在家里，很小就种地，作为一个完全的劳动力，种地种怕了。当时就是觉得家里农活太苦了，现在田承包给别人了，以后我坚决不种地。除非没饭吃了，没工打了，没有经济来源了，只有地，才种地。因为这个不是我玩的事儿了——都当（廉价）劳动力去干，一年到头，只有冬天好一点，挖沟填土。现在还好一点，有机械，以前全靠人的。所以（最初出来打工）在上海干了一个月，拿到工资 300 块，开心死了。这还是厨师长看我表现好，多加给我 100 块，当时我拿到都不知道怎么花。

　　在城市生活有没有（觉得）不公平？我想说有，但是表达不出来。上海不算第二故乡，是别人的地方。除非我在上海有套房子，才是第二故乡。只不过这个地方，（算是）离家远一点的工厂。觉得在上海哪里最苦？到哪里都是这样，做事做得好，别人就对你另眼相看。工作不怕找不到，主要是住房的问题。房子都没住上，我哪儿成功？在上海买房子，没可能，绝对没可能。你的收入和房价（一比），没法买啊，买房要给儿子、孙子住的。最大的挑战就是租房子。最怕的就是别人跟我说这个地方不能住了，又要搬家，另外找房子。（工作的）餐厅是有宿舍的，但是有家庭的没办法，要自己找。房价（租）高的住不起，低的找不到，越来越难找。工作是不怕找不到的，但是房子找不到。以前被辞退没地方住怎么办？都忘了，可能是在什么凉亭里面，年轻的时候冻一下没关系。这可能也是年轻的好处，到20岁以后再这样就觉得不好意思了。所以闯天下可能就是要年纪小的时候。

　　你觉得我有阅历？阅历能值几个钱？（笑）这么说吧，现在不管发生什么事，我能扛得住。再着急的事情，比如，房东要钱，明天住哪里（之类的事）。我不着急，又逼不死人。比10多年前，（我的）经济状况好多了，先多花几个钱住旅馆，以后再挣吧。我就花钱再说。我自己花钱很节约，对家人花钱从来不节约。我老婆要买什么东西啊，父母要买什么啊，买！

　　十几岁的时候，我跟谁都玩得来，跟四五十岁的，和十来岁的都玩得来。在外面接触多了就不一样了，形形色色的人太多了，磨炼出来了。一开始的时候，玩不来就不在一起玩吧。玩不上的话，连话都不会说，但是不会特意去怎么怎么地，除非对方很过分。相安无事吧，话不投机半句多。我不欣赏的人（是哪种人）？我一般不喜欢（骄）傲的人，不喜欢在老板面前像一条狗一样的人。如果实在过分，我一般直接骂两句就上去打了。这是针对太过分的，一般情况下不会的。

打工与聊聊真心话

在城市工作遇到什么困难？还是租房子。打工就是为了吃住才辛苦赚钱。今天我休息，但我还是要什么事情都做好、安排好，才能休息。ZZ 这种主管是（一周）休息一天，我们是休息半天。有时候想不干了，静下来，又想就这样吧，干吧！

我们店也很冷漠的。像 ZZ 虽然是领导，但是下面的人都不服他。你干你的，我干我的。一个地方每个人都有自己的经历，但是要把它（单位）当成家是很困难的。有的时候很烦，是因为牵涉到利益，干的多少，狗仗人势，溜须拍马，隔阂，那就完蛋了。但是我们打工赚钱，也是为了温饱。刚出来干活的时候，当时说包我吃住，不给我钱，我都干。因为在家里干农活太苦了，累哭过。当时我干一个星期，就被炒鱿鱼了，没吃没住，但是不想回家。我当时南汇、宝山、月浦都去过，干一两个月就走，有的是自己觉得不合适，有的是不要我，不要我的多（笑）。当时被炒鱿鱼还不知道这是炒鱿鱼，老板跟我说："小张，我们这里人够了，等缺人的时候再打电话给你。"我还跟他说："哦，老板，那你这里缺人的时候要再打电话给我。"（当时的我）就傻到这种程度！（后来张大哥看到访问员哭了，他说："你怎么这么脆弱？我一开始来的时候也哭，想家，想父母，每天都哭。后来想，哭没有什么用，不能解决问题，要哭就一个人躲在角落里面哭。"）

我说我抱着学手艺的态度，如果说抱着打工的态度，可能还会更好。那时候死脑筋，因为农村的说法，要有房子和手艺，才能娶老婆啊。结果手艺没学到，后来还是跑菜。跑菜前一年，人是最苦的。当时年龄小，都忘了。那一年我一个人干两个人的活。每天八点钟起来，不停地干到晚上十点。一开始洗碗，后来打盖、杀鱼。有一个行政总厨说要带我去北京，当徒弟，当时我眼光很浅，厨师长说加你 200 块，不要去啦。如果去北京的话，认识一批人，现在可能就不一样了，不是现在的人生了。但是最起码我现在找了老婆。还是有很多机会，没把握住。那时候年纪小，很难把握。一起打工的人都不错，都挺喜欢我，因为我就知道干，无牵无挂。我错过很多机会，但是你现在叫我不干这行，应该不可能了，就是到另一家店里，也要重新适应，工资低的，我也不愿意干，工资高的，我手艺达不到。都说人挪活、树挪死，也不一定的。

以前是有师傅带年轻人的，以前多，现在少，这样（师傅带徒弟）的情况 10 年前多一点。现在谈不上别人带你，你自己做你的工作，要做好，也就是搭档关系吧，手艺好点的，就多拿点钱。师徒关系有的店或者地方有，但是不普遍了。人家带你也要看你这个人的，好坏啊，合不合适啊。工作场合上，还是自顾自比较多。现在的服务员又不像以前，以前还会培训，等等。工作时争执起来，如果说没有涉及到侮辱人格，我会解释下。规定又不是服务员定的，老板定的，我不会跟他横。和老板之间？他说对就对，他说错就错，他发你工资。一个菜，他说要这样做，那就这样做，他发工资，那就这样吧。

以前找工作不好找，招人招得少，待遇很差。老板不是傻子，他发给你 5000 块，你至少帮他赚了 20000。要是换一个人，工资不说，人也不知道怎么样，至少他是了解我的。所以我还是觉得自己很失败的，有大把机会都错过了。（问：你会管你那个外甥女吗？你会不会跟她说不能满足于当服务员？）不管她。我现在只希望她能安安稳稳上一两年班，这样就不错了。因为她还没有达到那个位置，经常变动，不稳定。这是家里惯的，我是舅舅但不是神。她没文化，又不想上班。她现在连稳定都没稳定，没办法做更多的要求。她在我面前还好一点，她爸爸妈妈更加管不住她。

工作场合与同事聊不起来真心话。（同事之间）没有竞争关系，但是和他们也聊不起来。我觉得可能还是素质问题吧。空的时候我们主要斗地主、抽烟，不聊这些的（不聊生活的实际问题、工作的发展，等等），可能聊的话就会（让人）觉得：哎哟，跟我讲什么大道理呀。好多人的想法都是，我打一个月的工，挣一个月的钱吧。若不是我有老婆孩子，家里有父母，也不会想很多的。要是我没老婆没孩子，谁和你聊这个。我一个月自己挣点钱花花玩玩好了。单身的和更年轻的不会想这些的。不聊这些可能是因为工作场合没有隋老师这样的人做工作吧。我们一个店的只是工作关系，不谈很多实际问题。聊天也聊，从来不聊这些。我们聊天也就是南海、东海、日本、股票这些，吹牛呗。我们不聊明星的。我不喜欢演话剧，这些经历说说就罢了，不想演，演自己的故事肯定不会演的。

平时主要的娱乐是看电视、看书，除了工作，平时也会来"延泽"这里。看电视喜欢看纪录片、古今传奇什么的。就是手机上的那种叫什么来着？（访问员：腾讯视频？《笑傲江湖》？）对，娱乐性的，看看开心。我比较喜欢看抗日的和以前的那种纪录片。电影和电视剧我都不喜欢看，太假了。我喜欢看现实一点的。我有时也在手机上看书，家里书很少的。我看做菜的书，在手机上看吹牛的书，但是也很少看，有的时候看得我眼睛受不了，就不看了。过一段时间想摸索再看看。

来"延泽"这里现实（真实）一点，其他就是无聊打发时间。比较认可隋老师。但是感觉"橄榄树"的节目（活动）太少了，有的时候有节目，但是我们抽不开时间。上次他们举办了什么活动来着，发T恤在公园里做活动，我们也没时间过去。这个也很难，你有空别人没空，凑不到一起来。我这个人是不喜欢到处兜、玩那种的。我喜欢大家坐下来一起聊一聊，讲讲真心话，比如YY给我们上上课，起码学点东西。只能在"延泽"这边聊聊真心话，我觉得是这样吧。

家乡、家与"不称职"的我

我平时没时间回家，过完年有 10 天假可以回去，在家里也待不了几天，还要到老丈人那边去。

农村还谈什么文化啊？生存都难，是吧？人往高处走，水往低处流，还谈什么文化？人总归是现实的呀。你们都住高楼大厦，我还窝在山疙瘩里面，是吧？怎么可能呢？现在好多农村人都在外面打工的，每年总归搞个几万块，借点钱，搞个几年，好买个房子么，在乡上面、镇上面（买个房子），（这样的人）多了。我有好多朋友是四川那边的，村子里面都住几个老人，都没有人，死绝了，在村子里面。那还回去干什么啊？都在外面买房子啦，在镇上面啦。还跑山疙瘩里面去啊？农村的地都荒了呀，种地能种出钱？农村一年到头一亩地才能挣几个钱啊？外面打工不知道要强多少，一个月 3000 块，一天拿 100 块，一个月抵（种地收入的）一年的。一年一亩地还挣不到 3000 块钱，是不是？

家乡苦是苦，但是蛮有滋有味的。现在国家也富裕了，我们父母比我们过得苦，虽然有各种各样的问题，挣点钱也不错的呀。家乡变迁肯定有的，家家都是楼房，路也是水泥路了，人的素质也提高些了。哪些东西是不太好的变化啊？不太好的真没发现，我每次回家待的时间不长。

亲戚家族互相之间的支持不多了。也就我姐夫一家吧，我和我哥还没分家呢，我们是兄弟两个。我家亲戚都很远，都是远亲。地有是有的，竹子啊、树啊，没有人种的。从市里开车（到我家）两个多小时吧。我也知道，富县要修路。我们那里已经有好多人养甲鱼、葡萄什么的，具体我也不清楚。我在家里待的时间不长，聊的话，人家就算赚钱也不会告诉你赚钱的。

对我影响最深的事情应该是家庭吧。结婚之后，我觉得老婆给我一种安全感，感觉自己有一个家，稳定了。没有老婆就好像没有主心骨。老婆去老家看女儿，10 天见不到，觉得少了什么，不知道要干什么，乘地铁不知道怎么乘，用钱也是。（笑）我依赖我老婆，出门坐个地铁，我都不知道，要问我老婆。她就算把银行卡给我，告诉我密码，我都不会。我连银行大门都没进过。她从来不会埋怨我，一直都在后面。但是我觉得这样也不好，什么都帮我安排好了，她不在家怎么办？（笑）就感觉只有两个人在一起，才温暖、放松。现在孩子还不在，孩子会分散注意力，但是孩子走了家里也冷清。她去看孩子，我一个人在家无聊。坐地铁、去银行，真遇到什么事情，我自然而然也就会了吧。我们那个时候在"延泽"学电脑，我不爱学，但是学得也快。

对于孩子，我从来不对她有什么期望，只要安安稳稳、健健康康的就行了。孩子成龙成凤？自己都没成龙成凤，还要求孩子什么？只要开心健康，在农村也行，在城市也行。在农村不代表不好。

家庭幸福最关键的是和谐。老婆不开心，我就不说话了，各让一步。关于丈夫的角色，我觉得我不称职。孩子一直都在老家，现在对我很不亲，我自己不称职啊。她不喜欢接我电话，好像找不到妈妈的话，爸爸在，那就爸爸的电话也凑合接吧。我就跟她说，妈妈要赚钱。过年考完试肯定要把孩子接回来。她妈妈每天接到女儿的电话工作都不想干，不愿意挂电话。而且她打来的时候正好是晚上七点，最忙的时候，到八点半孩子就睡了，不能再和孩子聊了。无奈，为了生活我必须要打工，但是如果要我一天到晚陪着孩子，谁挣钱给你花呢？非常矛盾。

"迷茫"——不能安居，谈何创业？

我也迷茫，我是迷茫，都不知道以后干什么。不知道回家能干什么，目前的发展，路在哪里？为了几千块钱的工资，一天干到晚，我只是表面自信，人都有脆弱的（时候）。未来我觉得都谈不上发展，根本现在都没有一个概念，总得有个想法吧。没有具体的计划，先干着。

回家乡，肯定想回去的，如果有发展，会想回去。回去没发展，回去干吗？我大哥前段时间不是在县城里面开餐馆吗，亏得不多，一两万，关掉了，转让给别人了。回家开饭馆的也多。现在田也没有，就那么几亩地。

我们其实真的不是非要去创业，真的不是那个意思。我就觉得好像应该是，人能回去，爸妈、孩子、老婆在一起，有一个稳定的收入就行了，根本谈不上非要去干个什么。哪怕就是说，我回去了，老婆、孩子、爸妈在一起，能有个三四千的工作，也就满足了吧。现在连这个基础的事情都没有，回去一抹黑，都不知道怎么搞。不是说非要回去后一个月拿多少钱，非要回去创业当老板，不是这个意思。回去拿个 1000 多块钱，在厂里对吧，能干吗啊？小孩子上学什么（不够）的，老人怎么办？

编者注：本访谈由上海延泽社会工作发展中心提供。

第 五 编

生活的路不平坦

希望当官的能看到自己的经历

幼年无知，结婚时一无所有

章小勇，来自云南省镇雄县母享镇，住在距离县城 75 公里的一个小村子，三个孩子的父亲。他的父母都是农民，1976 年出生，是兄弟姐妹五个中最小的一个，小时候家庭条件还算可以，吃穿不愁。

章小勇说："家里兄弟姐妹多，都是他们干活，我到现在都没干过一天农活。我从小很聪明，但就是不喜欢读书，天天跑出去玩，读到小学四年级就没读了。"

到他稍微懂事的时候，大哥和两个姐姐都已经自立门户。母亲患上严重的哮喘病，不能再干活，而父亲基本上是不干活的，家里一下子窘迫起来。

"在我们还没懂事的时候，家里种地呀什么的事情都是我妈带着几个姐姐在做，到我妈一生病……"章小勇顿了顿，"你想一下，一个家庭全望（依靠）一个母亲，现在还病了，情况可想而知"。

章小勇 14 岁时，母亲离世，家里经济条件进一步恶化。15 岁开始，章小勇开始和朋友在外面做生意，走村穿巷从农民手里收集海花（一种苔藓），然后倒卖给更大的山货贩子。后来他从母享镇贩卖烤烟叶下四川，中间还从镇雄倒卖硫黄到云南东川。

1995 年，章小勇和妻子结婚，同年底，大女儿出生。我问他做了这么多年生意，有多少存款，"基本上一无所有，做生意并不是没赚到钱，但是当时年幼无知，喜欢打牌，赚到的钱差不多全部投入到牌桌上了"。结婚后，他到贵阳做生意，2000 年的时候，做生意亏本，欠下 10000 多元的债务。

到永康打工，老板把自家土地给夫妻二人耕种

"到 2001 年，孩子都到了上学的年龄，怕影响孩子，不再到处跑，也基本上不再打牌"，章小勇说。

2001 年农历二月，章小勇带着老婆和三个孩子到浙江永康打工，他通过路边贴的招工牌找到永康古山镇大塘村一家生产铝管的小工厂。工厂没有厂名也没有在工商注册，整个工厂就他们夫妻二人，包括冲床等所有生产工序都是由二人完成。工厂规定一天工作 9 个小时，冲床 1.8 元一小时，其他工作 1.6 元一小时，加上加班费，平均每月下来一个人有 600 元左右工资。但是工厂效益不好，每年都有半年没什么活干。当时三个孩子都被送到当地幼儿园，加上生活开支，每年几千块钱根本不够花，老板就把自己家的土地免费给他们夫妻二人耕种。他们在土地上种一些黄豆、豇豆等蔬菜，满足生活所需。"那个时候也就是买点米买点油，其他的菜都不用买"，章小勇说，"吃不完的时候也拿一些出去卖"。

在这家工厂做了 3 年后，2004 年 9 月，夫妻二人基本上没有存款，先前欠下的债务也没还清。大女儿上完幼儿园要进小学，小儿子也要开始上幼儿园，工资无法满足生活需求，其他工厂的工资开始上涨。章小勇夫妇跟老板商量后离开家庭作坊式的工厂，进入古山镇下井村另一家从事文具生产的工厂。

谈到第一家工厂，章小勇说他很感谢老板夫妇。"刚到永康就身无分文，进厂后住的房子是老板出钱租的，连锅瓢碗盏、煤

气都是老板出钱购置的。老板在紧要关头收留了我们一家，我欠下了他们一份人情。刚进厂也没想到说要赚多少钱，一年下来能余下一点钱就余一点，存不下钱也无所谓，如果因为赚不到钱就走了，感觉对不起老板的'救命之恩'。"他们离开后和老板夫妇还保持着联系。"到下井村时当年的庄稼还没收完，我们回去收黄豆，把捆好的黄豆背到厂门口，老板还用自己的三轮车帮我们送到新的地方。我们现在还有来往，十几年了他现在还和以前一样，还是个穷老板，只是比我们打工的好一点。"

章小勇进的第二家工厂从事文具生产，有30多名工人，大部分在做装配，但他做的是冲床。工厂实行计时工资制，每小时3元，每天工作9小时，但是每个月有20天以上时间需要加班，加班的时候一天劳动时间超过12个小时。加班费也是3元一小时。每月工资平均有900元左右。他在这个工厂干了四年，一直没有签劳动合同，也没有社会保险。进厂的时候也没有任何培训，直接就上生产线。"那个时候都不知道有劳动合同、社会保险这些东西，更不知道还有岗前培训这回事。"这个工厂在管理方面做得还不错，但整体上卫生、消防设施等方面不行，包括从事冲床的章小勇在内所有人除了手套没有任何的保护设施。"一个月一个人20双手套，但是我在的将近四年时间内整个工厂没有发生过一起工伤事故。"

2005年开始，章小勇开始在这个工厂管理一个车间的生产，负责给厂里面维修机器和模具，给其他工人记工。工厂每月固定支付他1800元工资，这部分工资一年一结；另外他还给厂里做产品验收，这部分计件，加起来平均一个月有3500元左右。"在那个时候来说，这个工资是相当高的。"

2008年年底，结工资的时候工厂给了章小勇一张100元的假币，他发现后去找工厂理论。老板不承认，他一气之下就离开了这家工厂。

"当时我看见古山路边有个写着举报电话的牌子，就举报了。

过了几天没人过问，又打了第二次。情况说了，还是没人过问这个问题，到后来我对这些东西就没有信心了，总觉得举报这些东西都是骗人的。面对面的才是真实的，为哪样接受你们的访谈，只要是真实的，面对面的，不管你的背景好与坏，单位大与小，对我有帮助没帮助，我都愿意，这就叫作现实的。"

第三家工厂，遭遇工伤

2009年2月份，因为一张假币离开上一家文具厂后，章小勇进入第三家工厂——永康钢镁有限公司。这是一家生产汽车配件的公司，主要产品是拖车拉连器。章小勇的工作主要还是冲床，每天工作9小时，平均一个月加班10天左右，遇到加班一天就上13小时班，遇到赶货的时候，甚至要通宵干活，做冲床的也一样。2009年他的固定工资是60元一天；加班工资不按小时计算，而是每4个小时记作半天时间，30元一次；2010年涨到70元一天。和生产文具那家工厂相比，这家工厂管理比较乱，车间油污、水污严重，电线等杂乱无章，灭火器几年没有检查更换，好些都已经成了空瓶。工厂里的冲床都是老机器，有些还是二手的，最新的也用了七八年了，已经完全找不到生产日期等信息了。

虽然工厂很多生产环节都有危险，但它从来没有任何的安全培训，员工进厂后都是直接上生产线。到2011年8月受工伤，章小勇在这家工厂干了两年半，一直没有签劳动合同，没有购买社会保险，连工伤保险也没有。"说实话，在我受伤前，老板对员工还是不错的，每月15号发工资，月月发清，不会超一天，但是要押45天（的工资）。"

2011年开始，章小勇和工厂商量后改变工资计算方式，活不多的时候计时，90元一天；活多的时候按计件算，几道工序加在一起，4角钱一件，平均一天能做200元左右。"一个月平均工资能到4000还要多，但是玩的时间比较多，总的来说比较轻松。"

2011 年 8 月 15 日 18 点 10 分，章小勇说他永远记得这个日子这个时间点。这个时间，章小勇在工作中受伤。他在调整冲床模具的时候，模具砸下来压掉了他左手半个手掌，拇指、食指和中指完全损毁。住院治疗期间，厂方不管不问，直到我们做这个访谈的时候，除了他的工资外，没拿到一分钱的停工留薪期工资。治疗完成后和厂方协商，厂方一直不说愿意赔偿多少，只说按程序走，劳动局判多少他们就赔多少。自此开始，章小勇开始了艰难的维权之路。

出于工伤认定需要，厂方跟章小勇补签了一份劳动合同，虽然章小勇实际平均工资每月超过 4000 元，但补签的合同上写的先是 90 元一天，后又变成了每月 1380 元保底加 960 元补贴，而且合同起始时间为 2011 年 5 月 1 日到 2011 年 8 月 16 日。

受伤 9 个多月后，2012 年 5 月 21 日，章小勇拿到了由永康市人力资源和社会保障局出具的工伤认定决定书，认定章小勇受的伤为工伤。

2012 年 6 月 11 日，经厂方同意并加盖公司公章后，章小勇向金华市劳动能力鉴定委员会提起伤残程度鉴定申请。同年 7 月 9 日，章小勇拿到由金华市劳动能力鉴定委员会出具的鉴定结果，定伤残六级。

拿到鉴定结果 15 天后，也就是 2012 年 7 月 23 日，章小勇向永康市古山劳动仲裁委申请仲裁。虽然章小勇递交的是劳动争议仲裁申请，但被推到古山劳动保障所和企业进行调解。

根据《中华人民共和国工伤保险条例》、《浙江省工伤保险条例实施细则》（浙政发〔2003〕52 号）以及《浙江省关于贯彻落实国务院修改后〈工伤保险条例〉若干问题的通知》（浙人社发〔2011〕253 号）规定，六级工伤赔偿标准为："一次性伤残补助金 16 个月本人工资，由工伤保险基金支付；一次性工伤医疗补助金 25 个月社会平均工资，由工伤保险基金支付；一次性伤残就业补助金 25 个月社会平均工资，由用人单位支付；停工留薪期待遇从受伤日起到劳动能力鉴定止，保持原工资福利待遇；住院期间有交通伙食补贴、护理费。"2011年浙江省社会平均工资为2977.58元，章小勇六级工伤应获得赔偿共计230000元左右，由于单位并未给章小勇购买工伤保险，所有费用由用人单位承担。

因为已经快一年没上班，没有工资，经济出现危机，章小勇为了快一点拿到赔偿，提出190000元可以接受调解。调解人直接告诉章小勇，他们之前经手的六级赔偿从来没有这么高，并建议章小勇以150000元左右接受调解。由于数额相差太大，章小勇拒绝调解。

《中华人民共和国劳动争议调解仲裁法》第五条规定："发生劳动争议，当事人不愿协商、协商不成或者达成和解协议后不履行的，可以向调解组织申请调解；不愿调解、调解不成或者达成调解协议后不履行的，可以向劳动争议仲裁委员会申请仲裁。"在浙江省永康市，调解成为必经程序，章小勇在不愿意协商的情况下被迫与被诉方协商调解。

调解无效后接下来的程序应该是调解处把仲裁材料转交古山劳动仲裁委，进入仲裁程序。但是两个月时间过去后，章小勇的案件依旧还未转到仲裁委手里。其间，他每次去仲裁委询问时都被以各种理由搪塞，仲裁委工作人员甚至告诉章小勇，如果调解不成，他这个案子在他们这里就要放一年以上。他们还把两个一年以上的案子翻给章小勇看。章小勇既要达到目的又不触犯法律，只好天天去软磨硬泡。有一个星期的时间，章小勇除了吃饭就在仲裁调解处度过。

2012年10月9日，古山劳动仲裁委向章小勇发出了受理通知书！但奇怪的是，这张受理通知书居然没有开庭时间！《中华人民共和国劳动争议调解仲裁法》第二十九条规定："劳动争议仲裁委员会收到仲裁申请之日起五日内，认为符合受理条件的，应当受理，并通知申请人；认为不符合受理条件的，应当书面通知申请人不予受理，并说明理由。"从2012年7月23日提起仲裁申请到 2012 年 10 月 9 日拿到没有开庭时间的受理通知书，时间已经过去 76 天！

《中华人民共和国劳动争议调解仲裁法》第四十三条规定："仲裁庭裁决劳动争议案件，应当自劳动争议仲裁委员会受理仲裁申请之日起四十五日内结束。案情复杂需要延期的，经劳动争议仲裁委员会主任批准，可以延期并书面通知当事人，但是延长期限不得超过十五日。逾期未作出仲裁裁决的，当事人可以就该劳动争议事项向人民法院提起诉讼。法律规定从申请仲裁到出具裁决结果应该在 45 天内完成。"2012 年 12 月 1 日，章小勇根据上述规定，以仲裁委逾期未做出仲裁裁决为由，向永康市人民法院提起诉讼，起诉古山劳动仲裁委，永康市人民法院以被诉对象未给章小勇做出未开庭的书面通知为由不予受理。

在永康市人民法院的斡旋下，古山劳动仲裁委于 2013 年 1 月 25 日在永康劳动局开庭审理章小勇的工伤案件。

2013 年 3 月，在仲裁开庭 49 天后，章小勇终于拿到了仲裁裁决书，裁定永康钢镁有限公司支付章小勇工伤待遇 164508 元。拿到裁决书后，章小勇当场表示不服从裁决，将向永康市人民法院提起诉讼。

从章小勇 2011 年 8 月 15 日受伤到 2013 年 3 月 28 日拿到仲裁裁决，整整 1 年 7 个月 13 天！

2013 年 4 月 5 日，章小勇就永康钢镁有限公司的劳动纠纷案件向永康市人民法院提起诉讼。2013 年 4 月 9 日，永康市人民法院出具案件受理通知书。2013 年 4 月 10 日，章小勇到法院预交诉讼费 10 元并拿到法院传票，定于 2013 年 5 月 15 日下午 2 点 10 分在永康市人民法院第七审判庭审理该案件。

笔者的访谈是在 2013 年 5 月 9 日进行的，15 日下午 2 点，当笔者在整理访谈记录的时候，章小勇正在法庭上为争取自己的合法权益斗争。

希望当官的能看到自己的经历

访谈中，章小勇不止一次提到自己一生当中最幸运的事情就是有一个好老婆，不管什么时候对他都很好，还鼓励他。像工伤这个事情，他的兄弟姐妹朋友一直劝他能拿多少算多少，早点解决掉回家算了，但是他老婆一直在支持和鼓励他。如果没有老婆的支持，他的官司没法打到现在，也没法到法院起诉。他最骄傲的是大女儿学习成绩很好，中考很有可能进入云南省昭通市第一中学。他最担心的也是三个孩子，希望他们好好读书，若有机会上大学则希望他们能学法律专业，将来即使打工也要懂得必要的法律知识，不要像他一样只知道闷头给人家干活，受伤了自己受罪不说还没人管，不要像自己一样被老板欺负了也不知道怎么办。

谈到将来的生活，章小勇说："我们出来打工，说是进城打工，实际上是从一个农村到另一个农村，只是这边的各种条件都比老家要好得多。"他从来没想过要留在永康，毕竟对自己从小长大的地方有感情，亲戚朋友也都还在那边。但是他也说不清还要在这边待多久，至少要等到孩子们都不读书了再考虑回去。

章小勇说，受伤后他在这边找了几十家厂，都不要他。现在他希望将自己经历过的事情整理成文字，让大家不要再走他走过的弯路，一方面给其他受伤的工友做参考；另一方面也希望政府能看到自己维权的艰难历程。他说："虽然没什么文化，但是自己经历过的，比较清楚什么时候该怎么办，我不要一分钱，愿意带着其他工伤工人去走相关的程序。"

五　尾声

当浙江小小鱼劳工服务部决定要做工人访谈的时候，笔者第一个想到的工人就是章小勇，因为他在永康打工、受工伤、维权的经历实在是太典型。通过他一个人，便可以一窥永康及其周边地区工人的生存、工作和权益保障现状。

在访谈的整个过程中，窗外一直传来"哐哐"的响声，章小勇说那就是冲床的声音。他以前听到这个声音响一下就想一角钱有了，现在听到这个声音就要看一下自己的手！

本访谈由浙江小小鱼劳工服务部提供并整理。

今后的生活该咋办

16岁的他为生活出门打工，辗转无数个城市，终于有了一个家庭和一份稳定的工作。30多岁时，夫妻俩相继发生工伤事故，从此都不能再干重活，回到老家是他们必然的宿命。

少年离家

吉永庭，男，汉族，云南省镇雄县场坝镇人，受伤时就职于永康××有限公司。镇雄县位于云南省东北，云贵川三地结合部，东以赤水河为界与四川叙永相邻，南连贵州毕节、赫章，西毗彝良，北抵威信。县境从东至西99公里，从南到北54公里，总面积3696平方公里。

镇雄县有200个左右的自然村，总人口约162万人。除了在城镇周围生活的人稍感交通便利，90%的人都生活在山区农村，交通不便。镇雄县外出打工的年轻人比待在家里的多，环境很好，没有任何工业污染，可以说青山绿水，但也可以说穷山恶水。吉永庭就出生在离镇雄县城20公里左右的场坝镇，家里一共七口人，上有两个哥哥，下有两个妹妹。

吉永庭在家排行老三，小时候一家七口全靠三亩旱地生活，由于人多地少，生活的窘境可想而知。随着家里孩子的慢慢长大，三亩旱地已经完全不能支撑一个七口之家的生计，于是他的父母在山上开辟了两亩荒地栽种玉米和土豆，把以前的三亩旱地种植烤烟。

对于解决温饱问题都是个大问题的家庭来说，读书成了一个奢侈品，所以吉永庭与兄弟姐妹们上完小学的没有一个，而他仅仅上了一年的学。他的两个哥哥也因家庭的极度贫穷，十六七岁就随老乡到昆明做建筑工。由于家里人口多，两个哥哥外出打工并没对家庭条件的改善起到多大作用。16 岁那年，吉永庭为了减轻家庭负担，在昆明干起了建筑的活计。

来到大城市

吉永庭在昆明一待就是 3 年，一直从事建筑行业。两个哥哥和吉永庭在外的努力工作以及家里父母的日夜劳作，让一家人的生活慢慢有了起色。两个哥哥在 20 多岁时相继成家，各自为生活奔波；两个妹妹也在十几岁时跟随老乡到沿海一带的工厂上班。此时温饱已不是问题，父母的担心转移到吉永庭的身上，希望吉永庭能早日成家。用他农村老家的话说，只有儿子都成家了，父母的任务才算完成，否则父母永远都会牵挂。

只有 19 岁的吉永庭有着自己的打算。他认为以前出门打工是无奈之举，结婚的事可以先缓缓，有着梦想的吉永庭在 2001 年离开了昆明，2002 年初随老乡辗转到了上海。

初次来到大都市上海，身处霓虹灯下的吉永庭有一种惴惴不安的感觉。对于大字不识几个、一直从事建筑工作的他来说，能否被这座城市接纳成了他挥之不去的疑虑。和他一起去的人一个个都找到工作，只有他处处碰壁。

一个月之后，被生活所迫的吉永庭只得重操旧业，混迹于上海的各个工地。在工地上苦苦支撑两个月之后，吉永庭开始慢慢改变最初来上海的想法。按照自己的学历，要想在上海打拼，获得一份理想的工作，比登天还难。几经思量，吉永庭没有了最初来上海时的雄心壮志，有的是该如何让生活继续下去的思考。

在工地上干了两个月的小工之后，吉永庭开始退缩，与其在这样一个大都市做一份打杂的工作，还不如趁年轻去学一门手艺。心动不如行动，有了想法的吉永庭在到上海的第三个月，就带着对上海深深的失望和无限的酸楚独自离开。

从青年到父亲

吉永庭虽说想离开上海，但当时下一站还未选定，究竟学什么技术也不知道，所以一切还是未知数。2002年7月，就在吉永庭为下一站做何选择不知所措时，身在江苏从事电焊工作的老乡让吉永庭看到了希望。在老乡的介绍下，吉永庭来到江苏跟随老乡在一个工厂学习电焊。刚开始学电焊的吉永庭每个月只有几百元钱，根本没有结余，很多次他都想放弃，但想想自己没文化，要想今后能挣到高工资，必须有一技之长，所有的不快都成为他的动力。三个月之后，学会电焊技术的吉永庭希望老板能提高工资待遇，但老板认为他的要求太高，最终双方不欢而散，失去工作的吉永庭又开始了漂泊的打工生活。

2002年，永康的门业刚开始起步，而保温杯行业正如日中天。学会了电焊的吉永庭来到永康之后，并没有做与电焊相关的工作，而是从事了高危的冲床工作。冲床工作虽然工资高，但很危险，随时有失去手指的危险，所以一般人不愿意干。吉永庭在高工资的诱惑下，选择了这一份工作。

那时别人干其他工作每月只有1000多元工资，吉永庭的工资已经有3000多元了。就在那一年，他认识了从老家来永康打工也做冲床工的妻子。和所有外出打工者的结合一样，他们没有经过三媒六证，也没有大肆操办，只是邀上亲朋好友，摆上几桌酒席，在亲朋好友的祝福声中，在简陋的租住房里，开始一起生活。

第二年年初，他们的第一个小孩出世，当时他的工资已经很高，但一个人挣钱要养活老婆孩子，还要时不时地寄钱给家里的父母，压力可想而知。

第一个孩子到了可以上幼儿园的年龄时，为了减轻压力，他不得不把孩子送回老家让年迈的父母照顾，让妻子也一起上班挣钱。妻子刚上了两年班，2008 年，他的第二个孩子出世，等第二个孩子 2 岁时，第三个小孩又出生了。现在最大的已 11 岁，最小的也有 6 岁了，他们都被送回老家，由老家的父母照顾，每年最多在春节时在老家短暂团聚。如今大的两个都已上了小学，小的也快上学了，夫妻俩拼命挣钱。虽然以前吉永庭也没松懈过，但现在的压力更大。

"结缘"工伤

2010 年，不幸发生，妻子上班时不慎被冲床压伤左手，整只手差不多失去功能。当时老板只同意赔偿几万元钱，后来在吉永庭的坚持下，他老婆被鉴定为伤残六级，后申请仲裁，最终在劳动局的调解下获得 14.5 万元的赔偿。虽然获得了十几万元的赔偿，但他老婆却不能再干重活，只能做一些简单的工作，一家人生活的重担再次压到了吉永庭身上。

妻子的不幸受伤让吉永庭萌生了不再做冲床工作的想法，把妻子的工伤事故处理好之后，吉永庭离开干了几年的冲床工作，进入一家生产散热器的工厂。以前在江苏学到的电焊技术终于派上了用场，他成为这家工厂的一名电焊工。

2013 年 3 月份进入工厂开始上班，两个月之后，也就是在2013 年 5 月 11 日上午八点左右，由于焊机里面出现了许多焊渣，不能正常工作，吉永庭为了掏出里面的焊渣，毫无防范意识的他把手伸进焊机。25 吨重的焊机一下子闭合，整只右手被挤压变形，送医院治疗，右手被严重挤压伤，医生诊断为右拇食中指不全离断伤，右腕骨开放性多发骨折并脱位。经过治疗，手看上去已无大碍，但医生告诉吉永庭，他这只手今后不能干重活了，因为腕关节处缺了一块骨头。

妻子以前的工伤赔偿全部是吉永庭跑下来的，现在轮到他自己处理自己的工伤了，程序已经不是问题，何况厂里缴纳了工伤保险。他现在就是安心养伤，等到最后鉴定结果出来后，如果老板不支付或少支付赔偿，为了今后一家人的生计考虑，他会和老板对簿公堂，就如当时妻子受工伤一样做。

对于身处云南偏远山区的吉永庭夫妻来说，工伤带给他们的不是一次生活的变故，而是有可能让他们这个家庭走向衰败。上有年迈的父母双亲需要赡养，下有三个还未成年的孩子需要抚养，工伤赔偿款只能让他们暂时不陷入困境，一旦失去了稳定的收入，就好比没有水源的池塘，终有干涸的一天。

他说："现在父母已经 70 多岁了，但为了减轻他们子女的负担，还在拼着老命耕种着家里那三亩旱地，还得照看他的三个未成年的孩子，现在夫妻俩又成了这个样子，今后的生活该咋办？"

本访谈由浙江小小鱼劳工服务部提供并整理。

实际工资没有涨

家庭状况

我是河南三门峡的，可以叫我小军，1980 年出生，家里除我之外还有个姐姐。我上学上到职业中专，专业是企业管理。

我们那边一个人大概有一亩地，但是地已经好久没有种了，大概有 15 年没种了，都是让别人帮着种。以前就是农活，那时我妈身体好还干，但是现在我妈年龄大了，她干不动了，我老在外边，地就包给别人，让别人种了。我爸很早出事故，自己家石头房子垮下来砸着腰了，1997 年去世的，那时候我 8 岁。

我妈现在基本上什么病都有，"三高"——高血压、高血脂、高血糖，颈椎病，风湿，关节炎，都有，每天都吃药，劳累过度啊！我小时候也做过些农活，上中专之后就没怎么做了。老家主要种小麦、玉米，我不会种地。

中职教育

上中专花钱，算了算，花得也不少，2 年那时候有 2 万块钱。按现在来算，估计算起来有十几万了。在学校学的都是皮毛，初中毕业学中专，都不是（成绩）太过硬的。因为企业管理专业包括的方面比较广，它不是学精的，各方面都要懂，比如说财会、心理学都要学，挺多的，现在也记不清，好像学了好几门课呢，但都是不太精。

老师基本上也就是应付应付，感觉有的老师不会教，但是还是在那教，专业知识都不过关。那时候上学也没怎么好好学，（老师）管得比较松，毕竟是没有升学率压力什么的，不像初中那么严了。

老师也不凶，头一年学生基本上穿得都比较整整齐齐，第二年上课男的（学生）都穿着拖鞋。女的都坐在前三排，男的坐后两排在那玩，不怎么听（课）了，遇到假日都想着去哪玩。

中专的时候怎么说呢，说好也好，说不好也真不好。出了事的同学还挺不少的。那时候谈恋爱的，没有现在这么普遍，但是还是有的；有的就是在那里学习学不进去；有的生病了，病得严重，然后就回去休息，之后又来。（对于中专）还能怎么说呢，也是一段人生经历吧，没办法算很好，也不能说它不好。

印象深刻的是班主任一直在换。老师管不住我们班，各方面也不知道怎么回事，组织不起来吧，班级里边（我们班）老是倒数第一第二的。换了两三个老师，第一个带了一年考公务员了，第二个带带然后就生病了，换了第三个就实习了，三年换了三个班主任。

实习大概去厂里看看，也没怎么实习。广东转了一圈，有些人就在那边留下来了，我们有好些也不想在那边，就回来了。

快毕业那两个月，大概把论文写写，基本也没什么事，到四月底把东西拿了拿，然后又回县里边，户口以前转过去了，还要再转回去。那时候就是转成非农业户口。转出去以后转回家就不太好转了。一直很后悔，一直在那个县里边卡着呢。

那时候是很多人想从农村往外面转，但是很多人在外面混不住了，还想转回去，过年过节城市户口能够发点面发点油而已，平时什么都没有的。

那时的同学现在都联系上了，建了一个QQ群，好像大部分过得都不怎么好，发言很少，群里很冷清。关系还可以的现在估计没有几个。一个同学是开网店的，还可以，开那个农村淘宝，就是阿里巴巴旗下那个，在农村乡镇组织开门面店，帮助农民卖东西，如农副产品。不过很麻烦的，政府出面的，很多要求比较严，网店开起来之后还要评估经营状况怎么样，很多人就是让别人给自己好评，然后给（别人）钱。一星期要开一次会，一个月要看你信誉怎么样，特别难。（农村）现在家里青壮年基本上都出去了，反正是很冷清。我们县那边基本上房子都空着的。

辗 转

我刚毕业就让中专同学骗去重庆做传销，做了半年多。同学说没有工作可以过来，这边比较好，容易赚到钱。去了之后刚开始每天跟你讲讲课，洗脑，然后就是聚会、聊天、唱歌。让你买产品，说以前产品要经过好多零售商，现在自己买这个产品可以直接从厂家到消费者手里，介绍朋友用了也有好处，还能赚到钱。拉来人头给你提成，你拉来的那个人再介绍别人你也有提成。

刚开始感觉还可以啊。那时候也让我一个女同学过去，她去了后就说不行，哭着要回去，我就把她送回去了。在那里每人要买份产品，每份要交 1900 多。可以买一份，也可以买三份，不固定，买得越多越好。我那同学她没有买，我也是不善言辞，说不动她，她要回去，就买了车票让她回去了。在那边待了有半年多吧。下半年去，看着不行，钱也花完了。

在那里感觉挺好玩的，聚会有人演讲，还能和年轻人在一起，聊聊天、唱唱歌什么的。饭都要自己亲自做的，家里餐具都有。

在重庆待了半年多，又回三门峡。在饭店开始当学徒，学打羊肉汤的饼。做了有两三年，工资每月二三百。（生意好坏）分季节的。（在那里）夏天喝羊肉汤的人比较少，冬天生意好，每天做的时间比较长，每天从早上九点到晚上十一二点吧。

153

有时觉得烦死了。现在很多人都说生活这么难，想想就特别沮丧。没有什么勇气，也不知道做什么，上了学也没有用，回来也做这个，心里很不平衡的。

之后跟着别人去下矿井。下矿井挣得比较多，一个班挣100多块钱。按天算，有的论出了多少车，一车多少钱；有的是论米，一米多少钱。一个人一米多少钱，钱平摊，就是那样。

进的是私营的煤矿。有大矿，大矿不好进，大矿那边没有关系进不去的。进的都是小矿，三天两头停。

（矿难）也不是太多，小矿通风特别不好，人进去以后觉得呼吸都特别难。有时候还好点，弄上抽风机吹，进点风，还好一点，有的就不管。

有一次往上推车，跑得太快，一下子摔倒了，碰着腰了。（老板）没补偿多少钱，补偿了700块钱。没有后遗症，就是这个皮肤里边没有清干净，有一坨一坨的黑点。

另外一次（受伤）也不严重。我把那个煤倒在斗里面，斗升起来，有个什么机关吊起来，往外倒，外边有车接着往外走，那个斗碰着我的背，它下的时候下得太快了，躲也躲不及。当时没住院，擦了擦药水，打了几天点滴，就这样。现在背上还有伤疤，那时候应该让好好治。当时没好好治，没有去医院，去小药店治一治，去大药店，老板舍不得钱，现在背上留了伤痕。

在煤矿累呀，空气又不好。（一般得下到）地下100多米，下到最远的，大概有十几里地那么远呢。进洞，走半个多小时。那时候工作特别不稳定，干别的也不挣钱，也不想干。

在苏州受工伤

2011年有朋友说苏州这边还可以，各种补贴四五百，还有全勤奖，工资说底薪1000多，还可以，一个月能拿个两千七八。

头一年在可×（以前在苏州工业园区的一家台资企业）上

154

苏州星星家园社会工作服务中心在工伤康复
医院给工友开展"社会康复论坛"
摄影：大雄

班，第二年十月份说不让干了，废水污染比较大，被举报到中央了。我打扫卫生，擦消防管道，出了工伤事故。

可×搬厂搬了好长时间，好像搬了两年，现在好像还留一个厂在那边，跟可×走的话，到泰州、宿迁那边工资会涨，职位还要升。

2011年是6月份到可×，7月1号上班，到2012年10月25号受的伤。当时是派遣工，有交社保，我的右边锁骨，还有头部受伤了。我刚开始受伤就晕倒了，中午十二点出的事故，直到第二天凌晨三点醒来。

工伤认定是公司主动认定的，不认定到时候它怕自己全部得赔，认定比较积极，到赔偿就开始扯皮了，工厂和派遣公司推来推去的，推了好长时间。

现在想想劳务派遣公司还占便宜了，那时候也不清楚，劳务派遣公司说社保赔不了的部分它也没办法。出院以后吃的药是自己花的钱，赔偿的时候他们不管，自己也傻乎乎的，大概有4000

块钱吧。

最开始一次性伤残补助金打到了劳务派遣公司的账户上了，但是它没给我，刚开始在劳动局那边投诉，后来闹到法院了。花了好长时间，五六个月吧，做了很多行动（工作），能跑的地方都跑了。就是上访，上访劳动局，上访信访局吧。

伤好后我也上班，那时候做一次手术，把锁骨里边的钢筋取出来。自己也写了篇文章，发给很多同事和不认识的人看。吃饭的时候站在厂门口发那篇文章，有个同事给他们领导发了一张，他们就把我喊过去了，说不要发，有什么事你找厂里说，这样发影响不好。

好多人也看到了，有个工友说以前也受了工伤，就加我留在文章后面的QQ，他说怎么发也没用，还是要打官司。现在我还加着他QQ号呢，有事没事聊聊天。

第二次做手术时，我自己花钱去做的，公司都不太管了，派遣公司都不接电话，我又打电话问好多相关部门，它们也没办法，劳动局说要不你去起诉吧，就这样说的。社保局也是这样说的。

我就去劳动局仲裁庭申请仲裁，仲裁结果让社保中心一看，社保中心的人火了。仲裁庭说是社保中心的原因，社保中心应该把工伤赔偿款直接打到我的个人账户上。社保中心把裁定的结果复印，说这个事不关我们的事，你交社保是由公司交的，工伤赔偿当然要打给公司。

我申请仲裁的请求也不是很高，都是按《工伤保险条例》和江苏省的标准来赔偿，但仲裁裁决书下来，结果却是相差甚远。我的工伤鉴定是九级，换药的交通费是不补的，生活伙食费一天就补助20块钱，20块钱能干什么，吃一顿还差不多，剩下的钱全部是自己垫上。

工伤住院期间所有的费用，不管是社保局给不给，都应该是劳务派遣公司全部出，那时候我想到人家社保局不赔了，就只有自己掏腰包，有 4000 多块钱住院费没有报，被忽悠了。护理费 1100 块钱最后协调成 1800 块钱。其他的赔偿少了 10000 多块钱吧，最后赔了 149000 元。

从开始申请仲裁到协商赔偿折腾了大半年，从正月一直折腾到八月份。我去社保中心跑了很多遍，最后一次性伤残补助金社保中心又让劳务派遣公司打回去了，社保中心再把补助金直接打到我的个人账户上，包括后期的一次性医疗补助金。

在这一过程中最深的感受，一是要多行动，多去跑不同的部门，不要想着委曲求全，相关的单位都要跑，都要去问，让他们都知道这件事，还是有作用的；二是要有勇气，该硬的时候要硬，该软的时候要软，不要和他们客气。

怕也没用的，怕来怕去一家人心里都有一块石头吊着，事情不解决，怎么办？毕竟我们身体受伤了。

在维权的过程里没有请律师，律师要提成，至少百分之四，多的抽百分之八，甚至（有）更多的，如果让劳务派遣公司掏钱赔偿我们的工伤，让它们多掏一毛钱都特别难。

帝都保安

工伤赔偿之后，我又去了四五个厂。厂里面干起活累死累活的不说，节假日和周末不加班，工资就少。污染大，又伤身体，伙食又不怎么样。几个厂里面最大的厂是做橡胶门帘的，气味特别大，星期六、星期天不上班，伙食都是叫外卖的，有时候这家外卖不行，就叫另外一家，有时候外卖还来晚了，下了班还要在那里等十分钟，有时候人们都走了外卖还不到。

我上个月刚来北京，苏州进什么厂都要经过中介，中介费死高死高的。中介真能找到靠谱的工作也行。关键是百分之八九十不靠谱的。尤其是男孩子在那边很难找工作，年龄超过 30 岁更不好找了。我在这边当保安也不怎么样，节假日没有，福利也没有，什么都没有。工资也不高，一个月三千四五吧。

现在好像工厂的待遇越来越低了，好多厂福利都光光的，就一个底薪。最低工资涨来涨去也就那样，物价一直在涨，实际工资没有涨。

来北京是让老乡忽悠过来的，哈哈，老乡说的有水分，说工资挺高、挺好的，到这边一看，现实和说的有差距。比家里能好一点，但是这边的物价高得没法说，好像比上海的物价还要高。这两天有一个工友感冒了，光打点滴吃药四五天就花了 1000 多块钱。

一个月每天都上班，十二小时，上满了，有三四千工资。它是按照年龄算的，三十五岁以下能拿个三千四五吧，三十五岁以上就只能拿到三千二。有时候白班人不够，还让夜班的人来顶。反正，工人手里的工资是一直没有涨。还是一直在原地踏步。工人的生活，一个字——难！

编者注：2016 年 8 月份，小军在北京当了三四个月保安，又回到苏州进了电子厂。他觉得苏州的工厂至少还有周末、节假日，有些厂甚至还有些福利，工资也高一些。尽管生活不容易，但还是得继续！

第 六 编

他乡和故乡

街舞少年

我 1997 年出生，老家是四川达州的，从小在苏州长大，爸妈一个在厂里上班、一个包工地。我老妈自从进那个厂子之后，就一直在那个厂子里。

出生地不是在沈巷，在其他地方，一直搬来搬去，我也不知道那个地方是哪里了。在新升新苑也住过，在沈巷这边住了 10 年多。虽然在苏州搬来搬去，如果说真话的话，就是搬来搬去并没什么影响，已经习惯了；如果要说场面话的话，那就是每一个地方对我的影响都是不同的，都有不同的人文，接触的邻居也是各式各样的。跟邻居聊聊，听听他们的人生经历，也是一种不错的事情。

现在沈巷这边，我偶尔会过来。要说沈巷给我带来什么的话，就是童年的记忆吧。也许在这边住久了，它就给我一种家的感觉吧，就只有这样，家的感觉。

青春年少的学生时光

我在木渎镇香×街小学读到五年级，六年级去了灵×山小学，最后莫名其妙地去了翠×中学。不断地换学校，感觉接触的东西不一样，因为在某个学校待久了，看东西都已经看得差不多了，都已经很熟了，哪个角落里有什么我都很清楚，突然换一个新环境，就感觉很新鲜。

　　老师惩罚学生的方式一般是用戒尺打手，大冬天的真的好痛，就差满地打滚了，痛死了。打完之后手很痛，老师还要你把手伸出来，不停地打。一般要打三四下，不写作业、背课文没背下来，都会被打。因为回去根本就没背啊，回去就跟朋友们出去玩了，谁知道他们都会背了。还有几个跟我一样不会背的，一样被老师打了，很开心，"有福同享"。那时候真的很开心。老师管得还是比较严的，作业没写什么的会批评你，把你叫到办公室罚站。

　　小学的时候大家都很老实，真的太老实了。老师讲什么、说什么，就是什么。老师打我们，我们就默默地挨打，打就打呗。小时候太安静了，是个文静的孩子。上了初中就不一样了，感觉到了一个新世纪。

　　上了初中还是一样学习，老师讲的课也是一样。上初一还好，大家都很安静。最后因为什么问题吧，我们的那个英语老师，真是太坏了，调戏我们班女孩子，当时我们班的男生就看不过去了。就是在辅导学生作业的时候，他对班里漂亮的女孩子搂搂抱抱的，懂吗？（比画：从学生背后抱过去，抓住学生的手写作业）老师30岁左右，看起来是个挺斯文的人，当我们看到他这样，我们就上去，六七个人一起打他，真的打。就踹他，用脚踹，老师就防守。

　　最后大家都停下来了，他说："好了，上课了，可以了。你们都回去坐着，这件事情就当没发生过。"

　　这件事情就当没发生过！老师就跟我们讲这种话，还是继续这样子。我的天啊！

　　最后他根本就不负责任了，对我们放弃了，上课直接让我们想干嘛就干嘛。他说："你们上课只要不讲话，想干嘛干嘛。"

　　他跟我们讲这种话，我们就跟校长讲了。校长突然就在窗户那边看，看我们的老师竟然是这样的，就好像把他怎么样了。然后，他就走了。

　　我们升到初二了，语文老师就换了，换成我们的教导主任。

学校给我们换了一个非常好的英语老师，他对我们非常负责任。我们上他的课特别认真。但我们的语文老师就真的没辙了，太较真，上课讲话讲不清楚，一口江西家乡的口音，我们又听不懂。

老师也没有多大，30岁左右。我说："老师，听不清。"

"什么？听不清？听不清不要听啊！"

"我听不清怎么听？"

"你给我站起来，到外面罚站！"

他就这样一直跟我们讲。我们实在受不了了，就跟校长反映。校长说："去上课，没事的。"

我们也听不懂他的课，就什么都不管了，又开始跟之前上英语课一样，自己玩自己的，睡觉的睡觉，语文老师就开始对我们发飙。

他叫："谁谁谁，上来！"上去就直接拿书打。我们实在忍不了了，就集体到操场上，拿着语文书撕。

中午吃完饭，大家拿着语文书到操场上。我们全班四五十个同学，人还挺多的，满操场都是我们的书。我们一边撕书一边喊："打倒教导主任，我们要换班主任！"

大家这样子坚持了一两节课，其他同学坐在教室里面看热闹不嫌事大。最后校长出来调解什么之类的，我们就集体回班了。这件事情后我们语文老师也换了，就这样过去了。

初三非常平静，大家都在好好学习。假如说老师尽全力培育我们、教育我们的话，我们也不会跟他闹，是吧？关键老师只关注自己，教课也想早点结束，没有考虑到学生本身的问题。有些学生开小差，他们也应该私下里跟他们去单独聊，而不是在课堂上教训。学生会感觉很没面子，感觉被羞辱了，就算表面上看不出来，但是心里面一定会记下的。

上初中后，大家都有自己的思想了，有些人比较偏激一点。老师如果公开抨击学生，学生就直接越来越坏，越来越坏。他会想老师都已经这样说了，我就坏点又怎么样，就会抱着这种心态

（理）。抨击只会让我们更加叛逆，所以要适当地调和，并从中给我们一些安慰什么之类的。我们那时需要的，不是该怎么样去教育，而是如何被看待。我们需要的是认真（负责的老师），就是说需要老师去认可。我们做的那些事情，其实都是为了（得到）家长还有老师认可。就这么简单，但是他们就做不到。

在小学的时候，成绩还是 OK 的，到初中就不想学了。现在的教育都是注重教科书，只会注重用上面的形式来教给你，没有在课堂上吸引我们。学生呢，九年义务教育，这九年之中，从一年级就开始学习，学的都是同样的知识，看课本，根本就没有任何兴趣可言。如果老师在教书的同时，添加一些什么调味剂之类的，同学们会感觉很新奇，就会学得比较有意思，就会认真去学，感觉挺好玩的，就会印象深刻。

初三的英语老师，我们班主任，他的英语课非常好，我们会感觉非常轻松。他上课就是跟我们打闹成一片，不像以前英语老师把单词全部写出来，教大家读几遍，然后跟着写，写完之后背，背完之后再检查。他不同，他把单词写出来，教我们读完后，再打比方，用一种好玩的方式来形容这个词。我们就感觉到，这好像很有意思，就会记下来。在与同学玩的时候，遇到什么事情，想到好玩的，就会想到这个词，我们就会记住。他的不同，是在我们的印象之中留下来一棵（粒）小种子一样，所以我们印象会比较深刻。

我就遇到这一个（好）老师，其他的，没遇到，就觉得这一个老师很棒。英语成绩还行吧，最起码能及格。语文就不用说了，那是肯定没有问题的。数学就有点悬了，我们学得很不嗨（愉快），有点难。初一、初二都没有怎么铺垫，到了初三教的那些东西，完全就看不懂了，重新复习的话又太慢，只能死记硬背。到了考试的时候，试卷上初一、初二的题目，明明已经会做了，但就是想不起来了。还有一些要死记硬背的公式之类的，太多了。

我的中考成绩在班里算是中等的吧，好像是 460 分吧（苏州

2014 年中考总分是 730 分），也有 500 多分的同学，那些同学真是太棒了。他们非常文静，学习非常好，从初一到初三都是非常平静地过，从来不理世事，按以前的说法就是书呆子了。

每个班的学习氛围不一样，像我们那里再坏的话，我们都是要去学习的，互相交流什么的。可能有一些老师的确做得不太合适或者是不太好，才会对他比较排斥，但是我们并不排斥学习。大家不懂的，就会下课一起讨论。我们班爱学习的人还是比较多的，氛围还是可以的。像其他的班考 200 多分就是中等的话，他们班应该是不爱学习的人比较多，但我们班考得最低的就是 380 分吧。

短暂的中职生涯

初中毕业后，我们就去爱×堡学服装设计了，在新区东渚那边。我们班去了十几个人，我们熟悉的七个人也都去了。刚好我们也都喜欢画画，本来以为去那边学服装设计和室内设计的话，应该学的都比较简单，就画画之类的跟那方面有关。谁知道过去之后，还是一样要学语数英，而且化学、物理、政治都要学，真的。

在那边人生地不熟的，大家都不熟。我跟熟悉的同学都分开了，分在了不同的宿舍，认识了其他室友。大家聊得很嗨，晚上就一起出去玩，玩到白天，一通宵，白天就很累，上课没有精神。

我们也不是经常去，有空才去。去外面逛逛，吃吃东西，玩玩电脑，唱唱歌什么之类的。一玩，上学就直接不行了，但是在画画上面我们是比较 OK 的，画画比较有天分的。

有个小胖子，胖胖的、圆圆的那个，他画画很厉害，哇噻！像我们学的那一课，他自己早就画完，画其他的去了，老师直接给他布置其他的课程。我们也使劲画使劲画，我也超过了其他人，去画人体了。到我画人体，人家都已经开始画服装之类的了，画那些素描，他真是太强了。

学着学着，有个人就说不行，读不下去了，不读了。

他说不读了，当时我就很惊讶。走了一个，没事，接着上，突然又走了一个。我们一帮兄弟总共就七个人，又走了一个，怎么走了那么多人？还能不能玩了？走了三个只剩我们四个了。我说："不会吧，你们不会也要走吧？"

咸鱼和阿猛也走了，只剩下我和培根。我说："培根，你不会走吧？"

他们觉得学这个太慢了，说什么还不如自己现在出去上班实在一点。最后就剩我跟培根，谁知道我们转校区了。学校安排我们转到凤凰山校区，转到那之后呢，我和培根走了。

关键是大家会跟风，那时候不懂，觉得兄弟们都走了，留我一个人在这里，没什么意思。如果是现在，我要继续留在那里学习，直到学出来为止，小时候就太不懂事了。

当时讲义气，都走了，我也走了。我马上就不读了，你们晚上等我，我们马上去那里。我们一集合，七个人又聚到一起了。

他们最早走的学了一个学期，我学了一年多。

在技校里每个老师负责的方面都不同，教我们的时候也是比较用心的。他们说已经把能教的东西都教给我们了，能不能学会就是我们的事情；还说在上课的时候，我们是他们的学生，下课之后可以做朋友。我们下课的时候就跟老师一起玩很开心，全都是年轻女老师。也许我们男性荷尔蒙爆发了，真的是，一定要好好玩，一定要跟她们交个朋友。那时候很单纯，就想着跟老师一起玩，晚上也叫老师一起出去，最起码作业没写可以跟她打打滑什么的，感觉还挺好的。

从学校出来，后悔谈不上吧。因为这是自己做的决定，就要为自己做出的决定负责。再说了，我也是个负责任的人。

从技校出来的事，爸妈也不是很反对，说"你年纪也不小了，自己的决定要自己考虑清楚。你要是想读的话，我们可以继续供你，如果你不读了的话，那后面的生活就要靠你自己去打拼了"。

我就想，他们（小伙伴们）都出来了，那我也走。出来后，我爸妈也没讲什么。在家待了一个月，我妈妈就说"你已经出来了，你就自己出去找个工作什么之类的吧"。我说行，那就出去找工作吧，就开始了自己的流浪生涯。

工厂的一段经历

出来之后，小伙伴们都进了厂，我进了全×精密。那个厂还不错吧，也许是我动手能力比较强，学得比较快，班长就跟我玩得挺嗨的。干活刚上手没多久，我就已经会了。过一段时间班长要走，晚上请我们一起出去吃饭，说下一个班长就是你们中的谁谁谁。就是跟着他身边一直晃荡、监管我们的那个人，他升了班长。他直接就让我去当监管了，不用上线工作，像是班长助理吧。

在那里上手实在太快了，感觉太轻松了，一点压力都没有，班长又走了，这样觉得没意思。在那个厂是两班倒，早上八点半到晚上八点半吧，一个月能拿三四千块钱。

从那个厂出来之后我就去了达×，在那里好好地干了一个月，工资太低了，低得简直没边了。我做 APC，就检查看看哪里有错键什么之类的，调整一下就好了。谁知道到发工资时，我竟然才发了 600 多。

我就去反映了，我说为什么这么少。

人家说都被扣掉了，一个产品多少钱，全被扣掉了。我就问为什么扣我的。他们说在你这出的错误。我就什么都没说，就走了。这个真的干了一个月，才能拿 600 块钱，真好意思！

进厂有签合同，我签的是临时工。在那里也是两班倒，一个月休息两三天。在那边不停地完成一个动作，固定的动作让人会感觉很厌烦。一个人一件事干多了，都会烦的。一直做一直做，做了之后会感觉疲惫，就会感觉有点累，身心疲惫。我们一个班做 1000多个产品吧。

去了那边之后，感觉真的不行。那个厂是真的差，难怪民间流传一句话：死达×，烂华×，打死不进金×克。以前听到这句话还莫名其妙，我当时还疑惑为什么要这样讲，当我进了达×才体会到这句话的意思。

关于我女朋友。我在金×精密，加了她的微信之后，也没有跟她再聊过，但有一天她突然发信息给我。我很纳闷："这谁啊，不太认识。"她说是同事，我说想起来了，就开始聊，出来吃饭。我就开始跟她玩，之后她就莫名其妙地成为我女朋友了。

她是陕西的，上了中专来这边实习的。关于以后，计划赶不上变化，真的。她一个人在这边，以前她跟同学在这边，但后来都回去了。

从达×出来后，我就去长浜村那个永琪干理发了。在那里干了一个月，出事故了：我被车撞了。被车撞了，就休息，没再去那个地方，来到现在这家，一直待着。

从学徒到理发技师的成长

小时候，我的干爹开了一家理发店，去他那里感觉很新奇，一切都是那么好玩。小时候又比较潮，看什么都很新鲜，感觉干理发这一行的人头发都那样，穿得也很帅气。进理发店之后才发现，那里的确有能让我改变的东西，有让我学习的。在那边的话，自己也学到很多，最起码在交际这方面，我还是有一定能力的。

在理发行业里面，当理发师、技师之类的，别人来找你的话，会感觉很有面子。老顾客很重要，培养一个老客人很难，但是新客人的话，你只需要帮他做好就好了。如果你做得好的话，他也许会成为你的老客人，如果没做好的话，只是一个过路人而已。

只要一个人对你的印象不好，不管你做多少，都是一样的，因为你这样做太多的话，他会感觉你很烦。也许见的人多了，经历的事情也多了，对人的性格，拿捏程度我都有自己的一套，但是我讲不出来，这都是自己的心得。

人与人之间，在交流上，微笑是必不可少的。人和人之间就像一面镜子，你对他如何，他就会对你如何。我对他在心里面产生一种不爽，他自己也会有一种不适应的。如果你对他非常热情，他就会感觉到。这家店里的人怎么这么热情，他就感觉到比其他店带给他的感觉舒服，就经常来。

一句话，师傅领进门，修行在个人。一切的一切都要靠自己去经历，才会积累一定的经验，光靠老师傅去讲的话，是没用的。

去理发店学不用交钱，现在当学徒是不用交钱的，过去就直接在那边开始学习。上班之后，开始拿提成什么之类的，全靠自己。

在那边就天天洗洗头什么的，一个月也就最多能拿1000块。现在的话，会做头发之类的，就可以拿得稍微多一点，2000块左右。

刚开始就是抱着玩玩的心态，当真正接触了之后才感觉到有很多东西需要学习。当你学得越多的时候，你就会感觉到对自己有什么好处。学了之后感觉这就是我的职业，就是把别人的头发变得如何完美，去做出适合他的样子。前提是，必须有过硬的技术，当你没这个技术的时候，你谈什么都是白费的，需要进步，需要积累。

像我们的话，就是出去到各个理发店去经历，打磨自己，经历各种各样的平台还有观念。一个好的理发师，他不可能在一个店里面待着，必须得去无数个店，经历无数个店的文化，才会有自己一套想法。

我想的是，今年学完后明年再学一段时间，然后就去学校学习。学为己用，不是给别人的，是给自己的。我学习花掉的那些钱都会从客人的身上赚回来，要这样想。有失必有得。

现在自己年龄也不是很小，不会像以前那么浮躁，最起码要学的话，是要认真的。

现在的收入对于现在的自己来说还是不够花的，但是还好，我住宿舍，不用去交什么房租费，勉强还是够花，勉强。

现在爸妈他们不怎么管我，我也有能力照顾我自己，不需要他们操心。像以前的话，年轻真是狂得不得了，什么事情都干。

关于以后的发展，倒是没怎么想过，不过现在就认为在哪里都是一样的，因为不管在哪里，你就是你。我十几岁的时候回过一次老家，在老家认识的亲戚不超过 10 个吧。在老家发展的话，要搞好关系，最少要一年，才能在那一片混开了。在老家也有自己的亲戚，所以说还是比较快的，如果是重新去一个地方，人生地不熟的，那就相当慢了。

一段街舞人生

我从小学三年级学街舞，因为一个视频，喜欢上了舞蹈。那个视频是我从电视上看到的。看到一些算是很时髦的人，在电视上跳着那些舞蹈，那时候我不懂，看着很帅气、很酷。我就想这是什么舞，就去问别人，别人告诉我是街舞。我就开始查阅各种有关街舞的视频，去买光碟回来自己放。看了之后就听音乐，自己莫名其妙就练起来了。当我练了一段时间之后，在一个契机之下吧，在 6 月 1 日儿童节，在学校儿童节的舞台上就开始跳舞。当我上台的那一刻，我就喜欢上了这种感觉。感觉就是当你站上去，那一片天地就是你的了。从音乐响起那一刻，全世界都静了，我的脑中只有音乐。

爸妈讲过要把我送去培训班，我不去。因为他们教的都是最基础的东西，还不如自学。有基础后基本上都主要靠自己的努力了，一切都要靠自己的创造。

经过自己的努力，也算是有了一点点小成就。我以前也尝试教别人，教他们的时候，他们都学不下来，感觉太难了。我就很奇怪，为什么会那么难，为什么我没什么感觉。也许他们只是图一时的痛快，看得很过瘾，只想学一点。我那时不一样，真心想学。还有最关键的一点，就是要给他一个舞台，让他上去感受一下那种感觉，他才会喜欢上。

我练了大概4个月，就开始上台表演，到了上台那一刻，听到掌声、呼喊声。后来每年的"六一"演出都有我，到后来，我虽然也上去跳，但还要编一些舞蹈，去教给学校其他人，让其他人参加比赛。学校也会有比赛，我教他们舞蹈，从头教到尾，直到我自己满意的时候，就让他们上台去表演。虽说不才，但每次我教的人都能拿冠军。

每年都有冠军，这就莫名地有点成就感，有点狂妄了，感觉这个学校里真的已经没有人比我厉害了。也去其他地方比试过。好像是什么地方举行了一个挑战赛，谁谁谁只要在上面唱歌跳舞赢了的话，就10000块钱的奖金。莫名其妙我就上去了，上去就跟他们比呗，那时跳舞也还可以，就领了个亚军还是什么，拿到了5000块钱的奖金。

原来还有人比我强，我就继续努力，不停地看视频，感觉自己的舞蹈越来越圆润、顺滑，跳得越来越自然。

以前想过当舞蹈教练，长大之后感觉不切实际。舞蹈教学之后，教别人好像跳了这么多年的舞，一直去教别人的话，我感觉没有经历过其他事情，人生经历还是太少了，就想着去多经历经历。现在有事没事就扭扭，有事没事就跳跳。

最后的对话

访谈人员：在沈巷你认识多少人？除了你的那些兄弟，你的亲戚在这边有多少？

华仔：亲戚不多，在这边认识的人也就二三十个。

访谈人员：以前那个王大哥你认识？四川人在沈巷好像特别多。

华仔：是啊，但是我不认识啊。

访谈人员：可能不是一个地方。

华仔：就是，四川的也不一定认识，虽然会讲四川话，关我什么事呢？

访谈人员：都是四川，但是不一样的地方。

华仔：都会有差异的。

访谈人员：你现在觉得自己是四川人还是苏州人？

华仔：四川的。

访谈人员：就没有任何觉得可以怀疑的？

华仔：对，没有怀疑的，我就是四川人。

访谈人员：你从哪方面觉得你是四川人？

华仔：从哪方面觉得？

访谈人员：就比如说是户口，还是因为你会说四川话，还是觉得自己的亲戚老乡都是四川的，所以你就是四川的。

华仔：因为我父母生我那一刻，我就是四川人。

访谈人员：撇开这些外在的东西，从你自己的认同来看。

华仔：怎么讲，我爸妈都是四川的，我怎么可能会是苏州的呢？

访谈人员：为什么不可以呢？假设你撇开这些外在的东西。这个问题是因为你从小出生在苏州，你在苏州长大，在苏州上学，现在还在苏州工作，连女朋友都在苏州找，你有没有想过自己是苏州人？

华仔：没想过自己是苏州人，从来没有想过。怎么讲呢？虽然我没有回过家乡，但是我对家乡有一份情怀。

访谈人员：你这是场面话吗？

华仔：怎么讲呢？我爸妈从小就给我灌输的记忆，就是我的爷爷奶奶对我如何好之类的。

访谈人员：你对爷爷奶奶有印象吗？

华仔：没有，没有印象。我刚出生，回了一趟家。我爷爷奶奶抱过我之后，他们就不行了。他们说怎么怎么喜欢我，我就感觉家乡是温暖的。

访谈人员：现在你能很自如地说四川话吗？

华仔：能啊。

访谈人员：是不是你爸妈跟你沟通都是说四川话？

华仔：跟我聊天都是四川话的，他们沟通也是用四川话。

桃娃子

童　年

我叫刘秀燕，是四川广元的，那边全是山，2000 年在陕西一个桃园里出生的，小名就叫桃娃子。我 5 岁的时被送回四川老家，11 岁来到苏州这边。

我爸就是干帮老板看管桃园的活，我妈就在那边看管我。我长大该读书了，就把我送回老家上学，那边城市里面，不怎么好上学，而且他们打工，我又很小没人看管我，就把我送回老家让爷爷看管。

我爸说我 5 岁时把我送回老家的，就是那一年父母离婚了。

当时我小，那天晚上好像下雨，我爷爷叫我接电话，我也不知道怎么回事。我爸说你想你妈吗？我说有点想，他就说我现在没妈了，说他们两离婚了。

当时还不怎么懂事，也没有多少感觉，不太理解这种意思。我以为就是单纯的玩。我们那边四川妇女就特别爱讲这种，说你妈走了你想不想她，各种各样问。后来一年又一年我爸总是自己回来，我没看到我妈回来一次，就懂这个啥意思了。

我爸在苏州的工地干活，让我妈在家洗衣服做饭，突然接到别人来电话，说我妈跟一个男的走了。我爸有点不相信，跑回家一看，看到屋里衣服一大堆没有洗干净，饭也弄得不像样子，屋里整个一团乱。我一个堂哥说看到我妈上了人家的摩托车，跟一个人走了。

我妈在饭店里认识一个男的，人家说他有钱，我妈有点傻、不正常，就相信了。那时我们家特别穷，在我爸的几个兄弟姐妹中，是最穷的。他们都看不起我们家，我爸没办法就娶了我妈。我爸娶了我妈之后，我妈不守规矩，叫她干活也不好好干，老想着天上掉馅饼能当富太太，后来就走了。

我在老家上到五年级，我爸回来时，我就说把我送到苏州，我想他。我一个人在老家，爷爷对我凶巴巴的，不太爱跟我说话，一副冷脸。他本来就是重男轻女啊，我二妈对我也不好，还老是打我。我就想我爸，哭着让他把我送过来。我爸刚开始不愿意，说我这么小，才11岁，还在上学呢，最起码把小学读完吧。我说我不干，就哭，说特别想他。他基本上两年或者三年回来一次，都看不到他多少次，回来待几天就走了。

我是特别想我爸，小时候最亲就是我爸，他对我特别好。

我爷爷特别喜欢我表弟，每次他来的时候对他特别好，都给他拿糖果什么的。我记得我二妈跟我说过一句话，当时到她屋里玩，他们给表弟抓一大堆糖果，给我也抓几个糖果，说："你看看你表弟，再看看你自己，跟在人家后面舔屁股。"

在老家，二妈对我就是最坏的，我现在看见她就讨厌，好虚伪。她叫我"小桃"，这种名字，我特别不爽。小时候她还把我关过猪圈，你信吗？当时我爷爷不在家，他对我虽然冷漠，但起码是爱我的。

二妈每次看见我都打，我又不知道怎么回事，她就说我不好意思见人。我爸给她丢钱，让她好生照顾我。有一年我爸回来之后，我就向他说这些事，我爸也去问了村子上的人。都说每次打我的时候，他们都听到了我哭，觉得怎么下得去手，也来劝，告诉我爸实情。后面我爸对二妈他们有介意的，也不怎么亲近。我现在长大了，他们每次来，看着我笑着说话什么的，很亲近一样。我就特别讨厌他们，每次都装作不认识他们。

我们班同学好像知道了我家的情况。要填什么表时，都要填父母的电话，或者是住址、干什么活，我每次都只填爸爸不填妈妈。有些小孩就会说你怎么没填你妈的，后来他们从老师还是谁的嘴里，反正知道了，就说我没妈。我小时候比较懦弱，老爱哭，人家一打我一碰我，我就哭，也不敢告诉家里人。我爷爷他也不管，又凶，我爸也不在身边，我二妈还老打我。我一个人住校的时候就经常哭。

从留守到流动

我小时候成绩特别好，英语是最好的，每次都考100分的。当时我身边无父无母，爹不疼娘不爱，没有人疼的那种。我就只知道死读书，就爱看书。别人都在玩，我在看书。我性格特别懦弱，但是也有朋友，也挺开朗的。别人一碰我就哭，人家一打我，我也不敢告诉人家的父母。有一次别人打我，我很气，就骂了他，他说你信不信我让我爹娘来砍你的手。他吓唬我，我当时以为是真的，吓坏了。

从小就开始住校，每周我爷爷会带些东西和钱给我。幼儿园、学前班时，一周给带几块饼干；上小学一年级，给1块钱；二年级给2块钱，三年级给3块钱，四年级给4块钱。

玩电脑第一次是跟我表哥去玩的。有次我爸说手机要下载歌曲，叫我跑去我表哥家，他家有电脑。我就拿手机跑去我表哥家。我之前只见过他一面，说："哥，我爸的手机叫你麻烦下几首歌。"他样子也有点腼腆，帮忙下了。他说你要不要有个QQ啊？我们班同学都说要不要加QQ，每次认识的时候都说加QQ，他们也问我QQ是什么，我都不好意思了。我迫不及待地说行，我表哥就帮我注册了。

后来又去网吧打游戏，我表哥带过我一次，他的小伙伴们也都在。我看他们打得挺刺激的，我表哥也非（要）叫我玩。刚开始教我"王国"，玩了一段时间感觉挺好玩的，我就天天跑去上；我表哥又说你要不要玩一下"旋舞"，他的朋友又玩得很溜，我就说玩一下吧，玩一下没什么意思，不好玩；我表哥就叫我玩"QQ飞车"，我就玩"QQ飞车"，玩上瘾了；叫我玩"穿越火线"，我也玩上瘾了。

晚上放学就跑去网吧，把早饭的钱都省下玩。那时十二三岁，特别迷，一天到晚全泡网吧里面。不上学时，从早上八点开始，一直玩到下午五点，有时晚上还熬夜，就泡网吧了。

有时候一大早跑去包20块钱一天，晚上有时候也熬夜，熬到最晚时有四五点（凌晨）。有一天晚上我第一次玩到两点多，回到家的时候（当时我爸和我租两间房）准备偷偷摸摸上楼去。我爸把灯打开了，说"是不是跑去上网了"。我就说不出来，因为我爸准备好皮带打我了。

我也豁出去了，就说"你又不关心我，天天跑去打工，也不鸟我，我在家一个人又无聊死了，啥都不会，就只能玩这个"。

我爸眼睛当时就红了，说："你以为我想这样吗？你要上学，我们还要吃喝，上面还有你爷爷（要赡养），我一个人要干两个人的活。你妈又走了，很多人起码家里还有一个妈照顾，我也想照顾你，你以为我不想？但是钱谁给我们。"

爸爸就用皮带抽我的手、手臂，很痛，但没有瘀青。

我爸一直在工地做木工、架子工，工地上钱虽然多，但很累的，他好几次差点摔下来。他今年46岁。我前面有一个哥一个姐，都夭折了。

学习那些事

我在老家学校数学是最差的，最差也80多分。语文排在英语后，长大后语文就好了，英语下降了。

主人公与初三同学在教室里的留影
供图：刘秀燕

　　每次学校颁奖我都上，第三名、第二名、第一名之类的。第一名很少，基本上都是第二名、第三名。

　　五年级时我来到苏州，到灵岩山学校上学。开始我来的时候学费好像才1000多，最后一学期（初三）好像是2500，慢慢上去了。

　　刚开始好不熟悉，我就特别想逃学，天天逃学，基本不上课。我觉得这边人跟老家人好不一样，刚开始来这说的话是四川话，老家都说四川话。老师说你要改过来，不能说四川话，这边都是说普通话的。我觉得这些城里的人，穿得挺洋气的，做的事、说的话都跟我们不一样，吃的东西我都有点不习惯。我就逃避，不想来上课，天天躲在家里看电视。每次上学的时候，到学校人家都问我干吗去了，老师也问我干吗去了，我就说在家或者是生病了，就是骗他们的。那时候不爱接触人，慢慢在这待久了，性格不懦弱了，慢慢变得开朗又大胆了。

　　因为逃学，成绩开始下降了。英语在老家一直考100分，在这第一次好像考了60多分。我成绩怎么这么低！我也好强，认识了这边的人，就开始来上课了，成绩又上去了一点。后来我接触了玩电脑的事，成绩又开始下滑了。

我语文还是挺好的，其他的都是一直下降。我小时候看的课外书比较多，最喜欢看文学之类的书。小时候刚开始看童话故事，后面看小说，还看其他书籍，慢慢地就有了一些经验。

数学别提了，数学是我最弱项，小时候就不怎么好。到苏州这边的时候，这边（英语）是苏教版的，和我们老家的不一样，教的都不一样，读音也不一样。英语的书也觉得好不习惯，刚开始还好一点，也懂一点。数学我最差了，老家什么方程都还没有学，这边都已经学过了。人家都学过了，学另一课了，我都听不懂，后面就一直下滑。

下滑到抄袭！考试的时候就不想靠脑力了。中考前的那段时间数学老师给我们恶补，我中考（数学）成绩才考 20 多分。但这是靠自己的真正实力。（初三）后面那段时间，老师说现在不会没关系，就从初一的知识给我们讲。我就开始懂一点了，然后我就给郑云红讲一点。老师就教我们这些，我们班最差劲的人，数学一下子比我还高了，像江海龙（音）之前考几分、十几分的，后来一下升到 30 多分、40 多分、50 多分。

数学老师原来也是放弃我们班了，后面看到我们班慢慢地都有了成绩，还都是靠自己的真正实力。有这个分数老师也开心，就说，"多一分也是你们自己想出来的，慢慢靠自己的脑力，我也很开心"。

我们班就 16 个学生，但是各种奇葩都有。每个人性格都不一样，像张家辉调皮捣蛋，老师都说不过他；江海龙也是，江海龙要是和张家辉"夫唱妇随"的话，老师更管不住了。每次张家辉就说，"来！爷孙大合唱"，他俩就一直装。有时说这里是刘式集团，我是刘总，他们也装。他们上课敢跟老师顶嘴，本地来的语文老师老被他们逗笑，特别能说会道的。

还有一些女的，像贾红，老师说什么，她就敢跟人家反着干，老师也不怎么说她。她还是化学课代表，每次上课的时候跟老师反着干，但老师还喜欢她。老师说这个她就干那个，老师让她坐着，她就非要站着，老师叫她不准走，她就在课堂上走来走去。我们班好多人都看不下去了，每次上化学课的时候，我们班同学都比较规矩，就她最放得开。老师有时候也生气，让她不要那样，最后老师都被她逗笑。如果贾红自己生气的话，化学老师就会下来哄她。

有一次我和张婷也在后面玩，我当时在（课桌）下面看手机吧，耳机藏在衣服底下，用头发挡着，被老师知道了。老师过来说："你这招都玩烂了！"他还在桌上用粉笔写："这个我小时候也玩过。"

他就直接把我手机拿出来了，我当时（觉得）好丢脸。他又跑过去弄张婷，张婷也跟他说对着干的话。

有从本地来的老师，我们在他们的课堂自然不敢耽误。物理和语文，我们一般都很认真地听。英语课吧，该玩的就玩。还有那种副课就更不用讲了，就在（课堂）上面玩。

他们班是天天趴在桌子下看手机，我们班起码有的时候还尊重一下老师。（另外一个学校同一年级的情况）

后来的中考成绩该低的还是那么低，但那是真实成绩。我们班成绩就几个好的，梁倩一个好，张家辉一个好，刘心雨已经上了本地学校了，好像就他们三个。刘心雨数学一般都是90多分、100多分这样，总分130分。

我们班英语普遍差，连最好的刘心雨的中考成绩好像也是50多或60多，最低都有几分的。我的中考成绩314分，总分好像是600多吧，就相当于考了一半。我考得还算是好的，算中等吧，400多的只有三个。刘心雨好像考了500多吧，最低的张科技是250分，就250。

成绩基本上都是在初中开始慢慢垮下来的，最开始同学有60多个，后来变成10多个了，同学越来越多地走了，父母都让他们回老家好好学，剩下的就在这边学；还有老师换了一批又换一批，习惯不了。

每个老师的教学方式都不一样。有的人就是不负责任，你爱听就听，不爱听拉倒。刚开始他们都是负责任的，但我们班同学就是不听。他们就说你们爱听就听，不听就别说话，不要影响其他同学就行，我该讲的也讲完了。就是这样的意思。初一的时候老师还会让每一个人都背书之类的，后来就叫我们默写，要是默写不了的话，说要对我们怎么怎么样，其实也没怎么样，我们班好多同学最后宁愿抄也不愿意去记。

刚开始是一个同学，接着几个同学也这样，最后基本上都这样了。

中考过后，同学们都不担心自己的成绩。我每次急着找学校，同学们就说你急什么急，他们都骂我，说老师会帮我们安排。结果，老师安排个头啊！老师也是真的有次说会帮我们找学校，一定会找到。（2016 年）7 月中旬的时候，我打电话给老师，老师就说我们没希望了。当时学校的报名都已经结束了，不要人了，我们就像被抛弃了似的。

同学们上不了技校了，有的回老家上了，女的有几个去学化妆，彩妆；有的同学打工，张婷就在家里面待着帮父母打工；有的同学在家；有的同学上技校，上技校就一两个，很少的。

老师发的技校招生宣传书上的电话我都打遍了，人家都说已经招完，不要了之类的。我当时就好伤心，我爸刚做完（第二次）手术，就陪着我去找学校。7 月份大太阳的时候我们两个骑着电瓶车，好多地方跑来跑去，跑到教育园区的学校，一个个都问了，学校都说招满了。

我有一次打电话，一个学校说没招满，还剩 5 个名额，我就赶快过去报名了。

去的是高等 ×× 技术学校，分不同的校区，一边公办的，一边私人办的，我们就在私人办的这边。但是我们吃饭、在操场上玩都是一样的。我们这边只需要给钱，就可以直接上，那边需要看分数。我报的是平面设计和室内设计，女孩子基本上只有这两个选项，其他的就是男孩子干的数控（专业）。

学校里面的人好多染头发的，男的都是吊儿郎当的。老师他们有好多规矩，上课的时候把手机全收到一个箱子里面。关键是学的东西，还没学什么东西，就让你写。语文课上教我们标点符号，标点符号！大姐！又教我们拼音，还叫我们抄。叫我们上去（黑板上）写词语，对的抄 5 遍，不对的抄 10 遍。你说有这种规矩吗？又叫我们背书，背完书基本都下课了。

还有一节课让我们写作文，写为什么要来这个学校，还有自我经历，写了两堂课，一上午就这样过去了。我觉得跟里面的人合不来，不合群，我就退学了。里面教的东西，还不如自己学呢，学的什么鬼，在里面混日子、混文凭而已。

我退学了，学费扣了书本费，语文、数学、英语 200 多块钱，就三本书而已。我爸就想让我学电脑之类的，以后坐着上班，不要上下苦力的班，他已经怕了。他害怕他的子子孙孙也是那样的。就是说，上班好歹有个地方坐着，也不用风吹日晒，让他也开心。

相依为命

我爸（凌晨）两三点的时候就去工地上班，现在不是天天回来，一去就是一周。其他木工身边大都没有小孩，因为他们要么在老家上学，要么就是已经长大。我爸每周都要请一次假回来，结果让他们领头的给说了（批评）。他回来就给我丢钱。

我刚来苏州那几年的时候，我爸还挺疼我的，当时我特别乖，又爱做家务，我爸就很心疼，说"你别洗碗了，明天再弄吧"。

后来懒散的习惯慢慢就养成了，我爸有时说"你给我洗碗、洗碗"。

我就不洗。

有空的时候我爸也带我出去玩，去上方山或其他景区，给我拍照，我当时觉得挺开心的。后来我接触电脑以后，每次都不想去。我爸叫我出去玩，我就说不去，你给我丢钱，我要在家玩。

我爸每次出去会拍照片，我就觉得好好，就说："我也想去！"

他说："叫你去你不去。"

我说："我又不知道那么好玩。"

但每次出去，我跟我爸都玩不到一块，我要去这边，我爸非要去那边。我爸就说，你怎么这么烦，下次我不带你出来了，他每次都这么讲。

前年我在暑假时去一个火锅店打工，下午两点多下班，四点多再去上班。我当时不想上了，就跑到网吧里面去上网。这时我表哥他们去火锅店里面找我，火锅店里的人说我下午没来上班。他们找到我的时候已经很晚，（晚上）七点多了，他们让我赶快去市附二院，我爸已经住院了。

那天工地搭架子，很危险，其他人都不敢上去。架子搭不好老板肯定不爽。我爸做这一行时间长了，就说这有什么好怕的，就上去了。他们搭架子时从来没有保险绳的，那次就出意外了：我爸脚下一滑，就从十米高的地方摔下来了。

我赶过去的时候，看我爸躺在那个担架的上面，感觉很难受。看到一个大男人那样子，又是自己最亲近的父亲，我眼眶就红红的，很痛苦，我就哭了。在医院里前面好多人排队，我就骂人了："能不能快点？你们快点行不行？要死啊！"

我爸就说："你别这样，小声点，医院人很多的。"

"爸，你痛不痛？"

爸说："没事，还不会死呢！"

我就说："你现在感觉怎么样？"

他说从十米上面摔下来，第一个反应就是想到要死了，但又想到了还有一个孩子："完蛋了，我还有一个孩子！"

我爸的想法就是他不能死。摔下来要是脑袋着地的话就没命了。

后来检查是我爸的脊椎断掉了，医生给做了手术，再给他弄钢针固定。今年做第二次手术，把钢针取出来，今年暑假的时候我就正好照顾我爸了。

今年8月他第二次做手术，住院半个月时间。9月份我爸回老家，又去干活了，修路。现在他的背已经弓得不像样子，伸不直了。

每次在我爸面前，我会说："爸，我又长高了，我比你高。"

我爸看着挺开心的，说："小时候看你是这样看的（低下头状），现在我就成这样看了（抬起头状）。"

我说："没事，爸，你背要直起来！"

我爸就使劲直，但是上面那地方还是有点不直。我爸就说他的背直不起来了。

我爸的工伤赔偿两次赔了有5万左右吧，手术费除外。

我特别不想回家，11岁来到苏州，6年就回去过一次。我爸说我没良心，说你爷爷好歹也养了你那么多年吧，你都不回去。我说我不想看到老家那些人，就是小时候怕了，有阴影了。

我爸每次提这个事，我就不回去，我爸就说："你以后长大的话，是不是也会这样对我？"

我说："不会的，你对我挺好的，我对对我不好的人，我会一辈子记得。"

去年回老家，我爷爷对我还是有点不怎么友好。我走的时候，他给我100块钱，我不要。我看我爸眼神，他说："拿着吧！"

我爷爷也说："拿着吧，说不定再过几年，你回来之后就看不到我了。"

我爸也不喜欢回老家，以前是我在老家，回来看看。我不在老家了，我爸想回来吧，工作又很忙。

我也问我爸："你怎么不爱回老家？"

我爸说："老家那地方看都不想看一眼，破得要死，跟苏州根本没法比。每次回老家，比如说要坐个车吧，只有一辆车，要是错过那个时间就没办法了。"

我爸说今年要回老家，我堂哥结婚，叫我必须回老家。

我以后也不想回老家，老家人我一个都不喜欢。我觉得他们太刻薄了，没有我喜欢的那种人。我在老家又没有认识的朋友，干吗要在老家呢？这边有我亲近的朋友。我爸说过两年有可能回老家，因为我爷爷打电话说，他身体不好了，要人照顾。

我爷爷有5个孩子还是几个，好像是5个吧，我爸是老幺。我爷爷是被分给我二爹和我爸照顾的，爷爷就要让我爸回去照顾他，说过几年他老了怕走不动。我爸也让我回去，我说："我不干！我不回去！"

我爸说："你不回去那你怎么办？你一个人在这生活啊？我到时候真的不出来了，一直到你爷爷去世，才会再来打工。"

我说："那行啊！反正过两年我也大了，打工就打工呗！这边有我的朋友。我不想回老家，回老家一个人都不认识。"

"在老家市里面随便给你找个活，那边不是有你姐他们吗？"

"那也不行，我跟他们不亲近。"小时候我姐他们也不喜欢我，他们都嫌弃我脏，又没有妈妈。

社会体验课

第一次在火锅店里做服务员，只做了7天，感觉好苦好累，还被人家骂，好不爽。我第一次体会到打工的苦，每天回家就跟我爸讲："爸，我终于体会到了，我要好好学习！"

我爸说："你现在知道了吧，叫你好好学习就不学。你要好好学的话，你找的活就不这么苦。我希望你以后找活，不找那种下苦、在外面晒太阳的就行了。你要坐着，有空调吹，那多好啊！"

每天上班，从早上九点到晚上九点。我爸会开电瓶车在楼下等我，每次他们一说你爸来了，我就不吃饭了，要回去了，跑下去。第一天我差点就坚持不住，腿站得好累。领班有时也说你休息一会儿吧，找个监控拍不到的地方休息一会儿。

火锅店挺大的，老板开两个火锅店，一个是尚得味，一个是帮贵。我和同学李梦梦一起找的，她被分到帮贵，我被分到尚得味。她那里好好，里面很多都是大妈或者跟我们一样的学生，对她好温柔，很温馨的。他们说我们这边属于浪漫的风格，服务员大都是20多岁的，每次看我的眼神也是不好的。当时我又没有手机，他们上班的时候偷偷玩手机，我就只能站着待着。我就被他们使唤来使唤去，早上一过去就叫我去洗水果，又叫我端盘子。我在里面待着仅仅有一个人对我挺好，就是厨房里面的老妈妈。有时候我端一筐盘子上去，她就说："怎么让你端这么重的？"

我说："领班叫我端的。"

"就欺负新人！这么重摔了怎么办？你人又这么小，这么小的力气。"

他们也知道我才十四五岁。我在里面干活的时候，有的客人说："你多大啊？"

我就说："16。"

"这么小，你看着好像14岁。你这么小别打工了，赶快回去吧！"

客人叫服务员把瓶盖给撬一下，我力气太小了，有时候都撬不动。星期天晚上客人是最多的，他们一会儿说："服务员加水……服务员这火锅怎么还没上……"叫我去干这干那，有人叫我送这个送那个的；又叫我领客人，上哪上哪去。我累得要死，休息不了。嘴皮子从刚开始的好腼腆，变成特别地能说。

刚开始让我对客人说"欢迎光临"，我不好意思。在家里练我觉得还挺好意思的，真正去上班的时候，我不好意思说。知道我第一次怎么说吗？第一次领班说："看到有人来了吗？快点去招呼客人。"

我不好意思，过去问："你是来吃饭的吗？"

客人就说："我不是来吃饭的，我来这干吗？"

我说："那好吧，那你走这边……"

我爸老教我一句话："你做这种事的时候，又不会掉块肉，人家不会把你赶出去或者怎么样。"

我就被他练成了，客人来了我就说"欢迎光临"，反正他也不会打我，也不怕了。

那里面人不好，很苛刻，而且工作又很累，我就坚持不下去。在那里一个月大概2000块钱，一个月可以休息一天吧。

我今年暑假的时候，也找过一份饭店里的工作，是龙虾馆。下午四点去上班，到凌晨四点下班，就在木渎花苑街，那边全是KTV。我爸说这么晚回家怎么怎么样，让我来接你啊，那边又很乱，就不叫我在那边干了。他说："下次没经过我允许，不准随便出来找活，要跟我说一下。"

我爸知道我在哪干活，直接从吴江的工地上跑过来了，说："你去那干活？让我多担心呐？明天我又要去上班……我给你丢钱，你是不是没钱花了？好好在家里面玩吧。我有钱给你。现在还没到你打工的时候呢！到你打工的时候自然会让你打工，你现在想打工，以后不打工我都会把你撵出去。"

曾经的梦想

小时候，我的第一个梦想是做科学家。我们老家不是石头很多吗，我看那些石头花花绿绿好有意思，就拿着镜子放大了看，挺有意思的。小时候，电视上不老说科学家这样那样的吗，很光荣，我就想当科学家。以后研究这些石头，挺好玩的，或者是宝石、玉石什么之类的。

再长大一点，我想做律师。老家四川那些女的，老是爱吵架，为一些小事，有的人好没道理。我是天秤座，就爱公平公正。有一次老师问："你的理想是什么？"我就说我想做律师，老师们都笑起来了。他们说："你为什么想做律师？"我就把我的想法告诉老师

同学们的游戏

摄影：刘秀燕

了。老师说有这个理想是好的，让我多看看这方面的书。

长大了，我觉得律师太遥远了。我们去附二院时（父亲住院做手术），遇到有的律师专门去找活，好多律师来问这是什么伤。我爸每次去都有人问，每次都是不同的（律师），感觉很不专业。

现在就没啥梦想了，我觉得太不现实。我就想好好过下去，就这样过下去，快快乐乐就行。只要人好好的就行，不要求太大的梦想了。

这个社会教会了我，打工之后感觉这个社会好不容易。

我能照顾自己就行

生父早逝

我老家是江苏淮安涟水的。我 1999 年在那里出生，我爸是那个地方的，我妈是云南的。我的户籍（现在）还在我老家的，我还是我老家的人。

我妈说她跟我爸认识三天的时间就结婚了。第一天就是介绍认识，第二天已经准备彩礼了，第三天直接就嫁过去了。

听我妈说，她好像是跟着好姐妹一起来的，不知道到哪里工作，就到我们老家了。她的姐妹嫁到我们老家的，就把我妈也带过去，给我妈介绍了我爸，认识了之后，三天之内就结婚了。

我爸去世两三年我们才来（苏州）的。

他是爬到树上面，好像是剪那个树枝，从上面摔下来，那都是大树木。就这样得了病，去医院查，没好，本来就有后遗症，（第二次）又从上面掉下来了，就没好。

2008 年，我已经 9 岁多了，正好快到我 10 岁生日。像我们老家 10 岁生日的时候都会给小孩办生日。我妈跟我爸说，想提前先把我这生日过了，最起码要圆一个梦，我爸死活不同意，说现在他只能在床上，起都起不来，让人家看了也不好。

我小时候挺调皮的，跟那些朋友们玩的时候，他们的家长都会说："你家应该买棺材了吧？"

我说："什么意思?"

当时挺单纯的，回家我就跟我妈说。我妈就教我说再有人问你，你就说"你家才买了"。

亲戚们买吃的给我爸，我爸舍不得吃，全留下来给我吃。我就问我爸，我什么时候才能被他接送上下学，以前都是我爸接送我上下学的。自从我爸受伤之后，都是我家亲戚每天带着（上下学）。

我爸就骗我，说："等我过一两个月好了之后，就送你上下学。"

我就信了。一两个月之后，我妈一大早上就把我们叫起来说，我爸全身都僵硬了，动不了了。我也就知道我爸快死了，所以把亲戚都叫过来。我后来去亲戚家吃饭，回来之后就听人说我爸去世了，吓得我那几天天天害怕，连觉都不敢睡。

我爸的眼睛合也合不上，眼睛一直死盯着。我看他流了一滴眼泪，心疼，但我又不敢碰他。

我习惯汤泡饭，我妈妈说："这样的话对你爸不好，你这样吃的话你爸会过不了河。"

我连饭都不敢吃，去火葬场的时候，我们是坐第一辆灵车。回来之后，我爸化成了骨灰。我从小就害怕那些死人，连看都不敢看。骨灰让我提着，当时吓哭了，都不敢动。

几天后我就上学了，时间过得快，我也就开朗起来了

把所有的爱都给我

我爸在村上人挺好的，人缘好，人家说什么我爸就会帮忙的，人家都觉得我爸死了挺可惜的。他有一点点胡子，我摸的时候扎扎的，头发又硬又竖起来，挺好玩的。

我爸跟我妈，（对我）一个扮黑脸，一个扮白脸。我爸就是扮白脸的，对我可疼了

我爸人缘很好，经常请人来吃饭，我不知道为什么，从小有

这么个毛病：只要家里一来客人，就会哭闹。我也不知道为什么，就是不舒服，不爽，眼泪控制不住，就喜欢在他们面前哭闹。我爸就让我跪着，不会打我，我妈就喜欢打。

我小时候爱吃糖，牙痛，痛得要命，我妈帮我把牙拔了，我爸看流了很多血，挺心疼的，就带我去医院。还有感冒什么的，我爸都会背着我去，之后我都吃不下饭，我爸就说你要吃什么，我就给你去买。

我爸妈毕竟没有感情（基础），有了我之后，他们偶尔会吵架，吵架的时候，我也会在，就控制不住在旁边哭。有一次一大早上我妈收拾东西，带着爸妈攒的1万块钱说要走。我就跟我妈说，我也要去，我妈就带着我去，直接带我去云南了。

我爸那几天疯狂地找我们，我妈都不告诉他（我们在哪），我也不知道。

我爸直接到云南找我们了，我也不知道什么情况。我爸跟别人不熟，不喜欢太热闹，而我妈是土生土长的云南人。人家邀请我爸去吃饭，我爸有点不愿意。后来我妈和我爸又吵架了，我爸拉着我的手要带我回来的时候，我妈就看着，我又不愿意，我谁都不想放弃，我就一直蹲在那不走。

我爸去云南的时候没有直接先找我们，而是去我二姨妈家，我去的时候，看到我爸可高兴了。他每天晚上都带我出去玩，云南那边山多，去爬牛头山什么的，我就跟着去，我跟我爸拍了很多照片。

又去三姨妈那，我看我姐她们一个个爬到河上的树枝上面拍照，我控制不住也要爬，最后掉到河里去了。那河挺大的，还好掉在边上，全身都湿了，我爸就把我整个人都裹在怀里，我全身都脱光了，我爸把我抱在里面，（用）衣服夹着我。

我妈本来已经怀了第二个孩子的，我爸说有我一个就够了，说把所有的爱都给我，就没要那个孩子。我妈就做了结扎手术，不打算再要孩子了。

小红 2012 年上六年级的时候

摄影：苏州星星家园社会工作服务中心

辗转求学路

我爸去世之后，我三年级也念完了，四年级我妈就把我转到了一个住校的学校，十几天才回家一趟。学校女生一个个就喜欢成群结队地欺负别人。我成绩算中等偏上。我从小没离开过家人，到那学校之后，天天想我妈。

我妈当时去我亲戚那工作去了，在常熟。我十几天回奶奶那边一趟，待个两天之后，又要回学校。在那个学校，很多人睡一个宿舍里面，床铺头都排一起，有些人就不太干净，头上有虱子，身上长疥疮。我从小没有得过那种病，身上痒，头也痒，头上一抓就有虫子。

四年级的时候，我的成绩逐渐下降了。四年级念了一年，念完之后，我转了一个学校，又重新念了一年四年级。五年级上册（上学期）念完了之后才转来苏州的。

在老家上学的时候，平常放学都住在我奶奶那。学校距离我老家有十几里路，有一次我想回去看看，顺便把我的自行车拿过来。在奶奶家住，每天上学都是走路过去的，我觉得有点不方便。我没有经过奶奶的允许，一个人走了十几里路，走了一下午回到老家，当天晚上住在我亲戚家，第二天就回来了。我奶奶当天找不到我，到处找。第二天回去，奶奶直接把我赶出门，说："你既然要回去，那你就回去。"

我就有点气不过。我只是暂住在奶奶家，我妈妈每学期都会给钱。

奶奶有时对我挺凶的，有时对我也挺好的，谁欺负我的话，奶奶直接找到他家里面去。奶奶嗓门大，吵闹的时候比较凶狠一点，所以没什么人敢欺负我。

但有时候也有同学会欺负我，骗我钱什么的。小时候我一天有一块钱零花，我自己藏了一点小钱。小时候我喜欢听歌，就向一对双胞胎同学买了MP3，花了100块钱。我只听了一会，那个MP3不好，电用得太快了，我就不要了。跟双胞胎兄弟说要么给我修好，要么就退钱。他们就把MP3拿走，钱也不还我，还跟奶奶说我欠他们钱。我又不好告诉奶奶，我妈在我身上还藏了点钱，知道了多不好，后来就算了，我不要那钱了。我每次看见他们，对他们很不客气。我也是那种霸道的人，不愿意被欺负。

五年级上册（上学期）快念完时，我妈回来了。没过几天我放假了，放假之后我跟我妈来苏州玩。玩了一个多月，我说我不想回老家的，我不想离开妈妈了。我妈说给我去看看有没有学校，就找到灵岩（灵岩山学校）了。当时就认识小凡和阿燕他们，阿燕比我先到一学期。

当时我还不知道电脑怎么玩，但是我已经知道QQ，因为我妈经常玩，我就拿着我妈的手机玩一些小游戏。有一次我跟阿燕说："你有QQ没有？我没有。"我们创（注册）了QQ之后，我没怎么玩，我还是和小凡他们一起天天来家园玩，当时陈剑他们晚上都喜欢来。

知道怎么玩电脑之后就跟阿燕学坏了，每天一放学就说："阿燕，别忘了，等一下我，我们到那个路口集合。"然后一起去网吧。

当时迷上QQ飞车了，就玩飞车，好像前两年才不玩了。现在我觉得没意思，还有人家QQ等级没有我高，我的装备也还好，他们就跟我借。玩飞车玩习惯了，我都真心去交他们（玩飞车的朋友），他们拿了我的号之后，我里面的更名卡（要花20块钱买）被他们全部改名了，装备全穿得好色，我也是无语了。那号也被人家给盗走，我从此退了，不玩了。我不玩了，阿燕他们还在玩，我就天天腻在家里面，有电视就看电视，没电视就看小说（手机上的）。

临时家庭

我爷爷早早就过世了，我都没见过他。我奶奶改嫁后，她是信耶稣的，人缘关系还行，我妈一个人照顾我不容易，就帮我妈找了一个说可以帮着照顾我的男人。他们一起待了六年，那个叔叔让我叫他爸，我就叫了。六年期间，我跟他的家人合不来，我就特别不喜欢。

六年间他们也没有领过结婚证，我妈的户口本在云南那边有点问题。

在苏州这边上学，小学的时候还行，还能听得懂，自从上了初中之后，老师们一个个全换了，每个学期都换，有时候在学期中就换老师了。我就经常逃学，想早点进入社会工作。

六年级时我们想早点出来工作。不过我们差点被骗，我跟小凡约好了去学按摩，后来没有去干，当天我都回去拿衣服准备走人了。当时街上有发卡片的，就是娱乐场所那种卡片，我也不懂，说招按摩师什么的，先教我们学会。

那时我妈妈跟一个男的在一起，没结婚，他也没有子女。我不太喜欢被人家约束，我爸从小挺惯着我的，所以被那个叔叔约束的时候，我就特别不舒服。我就总是跟他讲，可是他特别严厉。我就特别不爽。我那天准备走，东西都收拾好了，他突然回来了，就把我困在家里，不让我走。我就跟那个发卡片的先生说我不能去了。我有点生气，他直接打我一顿。

我妈跟他的关系也不算太好，但是又想着好好生活，以前我妈每个月赚的钱都往他的卡上打。我大妈（堂弟的妈妈）比较有社会经验，和我妈也玩得特别好，就跟我妈说，让她自己办一个银行卡，或者我大妈给她一个银行卡，让我妈把每个月的钱（工资）都打到自己的银行卡上，不要打给那个男人。

这样的话将来两个人真合不来，不在一起，钱全被他拿走了多不好。我妈就这样做了，以后每个月钱都打在自己的银行卡上了，就没有往他卡上打。他生气了，骂我大妈不好怎么怎么的，净教我妈坏事。有一次，我妈决定跟他分了的时候，当时我还在上学，他想让我骗我妈，说我被绑架了，让我把手机关机。手机关机之后，他就打电话或者发信息跟我妈说我不见了，找不到我了，让我妈打电话给我。我妈知道我平时喜欢闹腾，但是我怎么样也都会回家的，所以她很放心我的。我就算是个路痴，自己瞎摸几圈也能摸回家。那个男的的计划就没成功。他还扇过我妈巴掌，我知道之后，也挺生气的，我说早点分早点好，这种人不能在一起的。

那个男的跟我们待一块，不喜欢我的脾气，我妈又跟我是一种脾气的，所以他就不爽我和我妈，但他又不愿意分。最后（我妈）也跟他分了，分了之后才有了我现在的叔叔。

这叔叔也是没有子女的，开始也算特别疼我，我跟我妈一个性格，不太好被人接受。但是他对我还挺好的，也挺疼我的。他本来是做建筑工作的，现在跟我妈在厂里面，因为建筑工作太危险了，也要养我们。在他来之前，我们谈好说法了，我是一个爱自由的人，让我叫他"爸爸"，不行。以前我小，叫另一个人我不知道，太单纯，叫习惯了。现在我已经长大了，叫他（爸爸）我是叫不出来的。

偶尔有一些我能接受的管束，但他有时候管得太多了，我又不喜欢，就时不时吵他两句。

学校里的"江湖"

从小学到初中，我一共换过六所学校。在老家换过四所学校，在这边念了两所学校。

老家那些老师挺负责任的，你不写作业什么的都会打人，用这些方式逼你，成绩还往上的，而且连一个字音都不能读错。

在这边上五六年级的时候，班上已经有60多个人了。上初一时班上有20多个同学，因为当时我在的灵岩学校（打工子女学校）刚刚设立初中，读的人还不多。初二我转到翠×中学，班上就有60多个同学。

有次灵岩学校办了什么活动，我们没有参加，（因为）要交100多块钱的，我们不愿意交那钱，就不去。学校老板娘一直逼着我们说把这钱交了什么的，就是想赚那个钱，我们不愿意，就逼着我们上学，我就跑网吧去玩了。

学校好像是组织去白象湾，还有苏州乐园，去的话，又要钱买吃的，特别麻烦的，还不如直接给我那些钱出去买吃的呢！

初二我就转到了翠×中学。转到翠×中学之后，同学里每周都有人约架，有时候我被他们拉过去，但是我不打架。约去××公园。每个学校都有自己的帮派，谁惹了谁，就打架。女生挑起的也有的，自己认的哥哥什么的，就会说这个妹妹被欺负了，然后叫一群兄弟，跟对方说："周五，××公园见！"有时直接在学校门口堵着，带着去××公园打。

一般都是几十号人，有的人带着东西去打，有的人不带。刚开学那一两周里面，班上同学的电瓶车都被摔了，在巷子里边那些摄像头都拍不到。有的人在学校附近的丛林中打（架）的。

我们年级有一班和二班，我是一班的，班上有个女的好像说了一句话，显得自己像"大姐大"，被二班的女生看到不爽，就到我们班上，对我们班那个女的扇上几巴掌，一人一巴掌，有的人是几巴掌。

学生间的打架，有时候是学校与其他学校的学生打，有时候是自己学校里的不同班级起内讧。

有时候人家打架懒得去××公园了，学校后面的宿舍楼上面有个四楼，里面好像是用来练武的，把人约到那里，班上有好几个女的欺负一个女的，每人都用脚踢她，最后那女的把他家里人叫过来了。

我一般不跟爱打架的同学混在一起。

因为都是周五约架，周五一放学老师就去××公园堵人。有一次老师说幸好你没在场，如果在场的话，也要被退学，就算看架也要被退学。有4个同学被退学了。有的是在××公园打，有的是在翠×公园打的，有两个公园，老师不可能两个都堵。

物理老师撕了我的课本

我们一个班上62个人，成绩好的十几个同学还学习，剩下的成绩不好的老师不管了。说想玩手机的玩手机，但是不要戴耳机，也不要发出声音，趴着玩都可以，就算是趴着睡觉都不管。我们只有一个课不敢睡，初三时有个化学老师，（是个）老奶奶，我给她起了个外号叫"僵尸脸"，她都不笑的，好狠。比如说坐在那，手随便碰一下，她就嚷起来："手那么不规矩干吗?!"好严！后来我们化学课都没敢干什么，好在我们一周只有四节化学课。

初三时除了化学课和物理课我还在听，剩下的我都没听进去。物理课老师跟我开玩笑开习惯了，如果我在她课上不说个玩笑的话，老师就说，这节课你怎么又没跟我开玩笑了。我们物理老师的女儿成绩特别好，教书又特别好，给人家带出来的成绩也特别好，找她补习的学生，一个个成绩往上飙，升得很快的。她女儿一直在本地上学，她家挺幸福的。经常在我面前夸女儿怎么样怎么样的，说女儿又拿了市里面的第几名，画画第几名。她女儿画的素描画得好像，我都画不出来，唱歌也行。她老在我们面前吹，还时不时讲她老公的事，我们就在听，挺逗的。

我们的英语老师不受我们同学待见，在他的课上所有人都敢放肆，在他课上没有任何人听课，除了那些成绩好的。我习惯跟后面的同学说话，有次他老是提我名字说我，还想动手打我，我们一个个全发火了，直接跟他对打起来。老师是个老头，有70多岁了。

有些课我们不仅听不懂，还没兴趣，老师也没管那么严，玩手机就玩手机呗，完全不管你。

有个学期我们的物理老师在中途又换了一个，物理老师刚来就给我们下马威。有同学平时把作业提前都写好，让其他同学抄。有一次，我在上课时抄写作业，物理老师不喜欢别人在他的课堂上写作业，他连同学的作业、我的作业一块撕了。

我说："老师，你这样撕了我的作业，你连我的物理书也撕了吧！"

他就帮我全撕了，让班主任过来看了。

我说："撕了就撕了，以后物理课……"

他说："以后物理课你也不用进来听了！"

我说："不听就不听！"

但我坐在教室里面可以，后来在他课上我就睡觉，反正都让我不听他的课了，我在他课上睡觉怎么了？

后来有同学跟我犯了同样的错，老师撕了作业之后说："你要是也想把全部的书撕了的话，你可以找她（指向我）讨教讨教，她有经验。"

我当时鸟都没鸟他。

我在课堂上天天看电视（手机电视），没听什么，想上课的时候突然就想上课，又想背书。其他同学天天趴在下面，天天不听课。我中考的成绩281分，在班里算是中等，成绩最高的同学好像有600多分还是500多分，忘了。有3个成绩好的都进了高中。有一个不爱闹事的女的，挺文静的；还有一个女的，本来成绩不算好，最后一年里面就努力奋斗，成绩也可以上高中了；还有一个班长，他成绩本来也就好，所以也上了。

我每学期都说好好念，可是每次都有意外情况出现。比如说我一卡通没办好，要出去办一下，得请半天假，漏了一两节课，都听不懂了，我就不听了。

我能照顾自己就行

昨天我和阿燕去弄头发的时候，有个男理发师说，他也是学彩妆这种行业的，他觉得不吃香，让我尽早别学了。我也不知道听谁的。我也不知道到底会怎么样，我是想早点进入社会的，但是我又想，有点技术也是可以的。早点入社会，好早点积累社会经验。

跟我一起上学的同学有些还在念书，比他们早点懂得社会的一些酸甜苦辣。我一直不懂得怎么好好学习，没有像我妈受过那么多苦，所以我想尝试一下，受了那么多苦，才懂得怎么去珍惜。我妈他们一直不同意，让我还是好好学。

我的梦想一直没变，我当时说当歌手，但是我觉得唱歌是独木桥，有点不太容易走的。我想先从群演开始，想一边做群演积累演员经历，再顺便像有什么综艺节目的时候，我再报名参加。我很喜欢这一行，特别想做这一行。

我不了解里面，我看那些演员说哭就哭，表演得随心所欲，那么自然，好赞！我觉得实在，就算电视上是虚伪的。

我也了解过群演，我认识很多做群演的人。像浙江横店，做一个群演需要哪些条件，他们说你什么条件都不用具备，只要来当群演就行了。如果你是那种很胖、很矮的，就属于特别的演员，给你的工资就高，一天三四百块。我就当普通的群演，一天几十，100多什么的，先试着，从当跑龙套的开始。我为了梦想，这辈子不打算结婚，想尝试20年。像人家赵丽颖花10年的时间，我可能会花个20年，30年都有可能。反正既然我喜欢这一行，选择这一行，我就做这一行。

我考虑18岁之前，自己先赚点钱，再去。我（在网上）认识一个男的，也是做群演的，开始是在饭店里面工作，觉得太累了，就去当群演了。他一个月的工资也有三四千块钱。每天工作，有时候一天五六十块钱都有可能。前一段时间，我正好快过生日的时候，我跟他说，去横店的时候，别忘了带着我。

我跟我妈说，我妈不管我，只要我能养活自己就行了。我们那边要拆迁，以后也能拿两套房子，以后我能照顾自己就行。

编者注： 本篇访谈时间为2016年11月18日，当时小红有些迷茫，她还想再继续回学校——不论是她曾经鄙视的职业学校还是什么学校，只要还让她继续上学就行。最近几个月的时间，她偶尔去上妈妈给交了5000元学费的美容课之外，就无事可干了。她觉得太无聊了。

但妈妈不同意她再继续上学了，因为之前选择不上学，也是小红的决定，现在她又想上学，说不定去几天又不上了。

小红在2017年4月份去苏州某台资电子厂工作了约半个月，每天上12小时的班，她觉得太累了，不想干了。恰好有老乡在里面当主管，让她辞工后，过段时间再去该台资厂，会安排她当保安。当保安虽然也是上12小时班，但比流水线上的工作轻松多了。小红在2017年6月份如愿进厂做了内部保安。

苏州星星家园社会工作
服务中心简介

苏州星星家园社会工作服务中心是苏州首个以社工专业手法服务于打工者及其子女的社工机构，前身是 2009 年 3 月创建的草根公益组织——苏州工友家园。中心由打工者创建，创建者们有的外出打工十来年，深切感受到打工群体业余精神生活的匮乏、权益维护上的困难、打工者子女教育面临的诸多挑战等，为此创建星星家园社会工作服务中心的综合性平台，建设打工者的精神家园，让打工者及其子女更好地在城市生活。

关于乐施会

全球每三个人之中就有一个贫穷。

乐施会在世界各地以务实及创新的方法，协助贫穷人改善生活及持续发展。我们积极回应人道危机，提供救援，并协助恢复生计。我们推行公众教育及倡议运动，以改善本土及全球的扶贫政策。

乐施会与贫穷人及伙伴携手，消除贫穷以及导致贫穷的不公平情况。

联络乐施会

www. oxfam. org. cn

北京项目办公室

北京朝阳区朝外北街吉庆里小区十号楼篮筹名座 D 座 2 区 302 室

邮编：100020

电话：（86）10 65535331 85728359

传真：（86）10 65511521

电子邮件：bjo@ oxfam. org. hk

图书在版编目（CIP）数据

流动的家园／苏州星星家园社会工作服务中心编著
. -- 北京：社会科学文献出版社，2017.10
ISBN 978 - 7 - 5201 - 1165 - 2

Ⅰ.①流…　Ⅱ.①苏…　Ⅲ.①流动人口 - 研究 - 中国
Ⅳ.①C924.24

中国版本图书馆 CIP 数据核字（2017）第 183053 号

流动的家园

编　　著／苏州星星家园社会工作服务中心

出 版 人／谢寿光
项目统筹／任晓霞
责任编辑／任晓霞　王　宁

出　　版／社会科学文献出版社·社会学编辑部（010）59367159
　　　　　地址：北京市北三环中路甲 29 号院华龙大厦　邮编：100029
　　　　　网址：www. ssap. com. cn
发　　行／市场营销中心（010）59367081　59367018
印　　装／三河市尚艺印装有限公司

规　　格／开 本：787mm×1092mm　1/16
　　　　　印 张：13.25　字 数：170 千字
版　　次／2017 年 10 月第 1 版　2017 年 10 月第 1 次印刷
书　　号／ISBN 978 - 7 - 5201 - 1165 - 2
定　　价／59.00 元